# Könnerschaft in der mündlichen Erzählkunst

## Begriff – Modell – Anwendung

In diesem Werk wird eine Sprache angewandt, die auch Doppelungen und Neutralisierungen beinhaltet. Soweit es sich aus ästhetischen Gründen oder aus Gründen der besseren Lesbarkeit nicht vermeiden lässt, wird das generische Maskulinum verwendet, das Männer und Frauen gleichermaßen einschließt.

1. Auflage, November 2024


Die Deutsche Nationalbibliothek verzeichnet diese Publikation in der Deutschen Nationalbibliografie; detaillierte bibliografische Daten sind im Internet über http://dnb.d-nb.de abrufbar.

Lektorat: Peter Amsler
Illustrationen: Sonja Wimmer
Satz und Herstellung: Der Erzählverlag
Druck: Alfred Nordmann Druck, Jerusalem

ISBN: 978-3-947831-06-7

www.erzaehlverlag.de

# Könnerschaft in der mündlichen Erzählkunst

## Begriff – Modell – Anwendung

Norbert Kober

Der Erzählverlag

# Inhaltsverzeichnis

*»Erzählend reichen sich die Menschen das Himmelsbrot des Selbstseins.«*
Martin Buber

# Zum Geleit

Mit diesem Buch versuche ich, noch offene Fragen der mündlichen Erzählkunst zu beantworten. Zum einen betrachte ich die definitorischen Freiheitsgrade rund um das Phänomen der erzählerischen Mündlichkeit. Aufbauend auf die Einordnung des Linguisten Konrad Ehlich begründe ich theoretisch und empirisch, dass die Einführung der Definitionen »Erzählen3« und »Erzählen4« in der Lage ist, die beiden Phänomene anwendungsorientierte sowie kunstorientierte erzählerische Mündlichkeit zu beschreiben.

Dank meiner Gespräche mit erfahrenen Erzählerinnen und Erzählern sowie Experten der mündlichen Erzählkunst und unter Anwendung der offenen Auswertungsmethode »Grounded Theory« entwickle ich einen Deutungshorizont darüber, was Erzählkunst ist und was Erzählkultur bleiben muss. Damit versuche ich, eine bestehende Forschungslücke zu schließen.

Zum anderen untersuche ich die Kompositionsgesetze des freien mündlichen Erzählens von Geschichten und überführe sie in ein »Modell der Könnerschaft mündlicher Erzählkunst«. Mithilfe eines etablierten Stufenmodells formuliere ich Fertigkeiten und Haltungen auf verschiedenen Niveaustufen, die beispielsweise ein erzählender Pädagoge entwickeln sollte, um als »Magister narrans« bezeichnet werden zu können.

Grundlage dieses Buches war meine Dissertationsschrift aus dem Jahr 2008, die von Frau Prof. Dr. Gabi Reinmann an der Universität Augsburg betreut wurde. Im Jahr 2009 veröffentlichte ich darauf aufbauend das Lehr- und Lesebuch »Ja, natürlich! Ich erzähle frei«, das bis 2015 in vier Auflagen erschien.

Mit der hier vorgelegten vollständig überarbeiteten Neuausgabe wende ich mich an geübte Erzählerinnen und Erzähler und möchte einen Beitrag zur Professionalisierung des Erzählberufes und seiner Aus- und Fortbildung leisten.

Norbert Kober

*»Leicht die Geschichte zu erleben.*
*Schwer: sie erzählend wiederzugeben.«*
Schlussformel des rumänischen Märchens »Der Schlangenmann«

*Kapitel 1*

# Erzählen zwischen künstlerischer Neuentdeckung und öffentlicher Bedeutungslosigkeit

Wir hören gerne Menschen zu, die eine wahre oder erfundene Begebenheit lebendig und anschaulich erzählen können. Sie entführen uns in andere Welten, lösen Gefühlsregungen aus, sie amüsieren uns und übermitteln in manchen Fällen mit ihren Geschichten sogar Lebensweisheiten und Verständnis für größere Zusammenhänge.

Aber was ist überhaupt mündliches Erzählen von Geschichten? Ist es ein eigenständiger Kulturausdruck oder eine Spielform der Alltagskommunikation? Ist es Zufall, ob jemand gut oder schlecht erzählt? Was ist »gutes« Erzählen? Ist es erlernbar? Wenn ja, was sind die Inhalte, was sind die Fertigkeiten und Haltungen, deren Entwicklung zu einem guten erzählerischen Ausdruck führen? Worauf kommt es beim mündlichen Erzählen an?

Dieses Buch versucht, Ihnen zu diesen Fragen Antworten anzubieten.

Illustration (S.10) von Sonja Wimmer zu einer autofiktionalen Geschichte von Norbert Kober. Großvater Kober beginnt, zunehmend ›vergesslich‹ zu werden. Seine scheinbare Vergesslichkeit bringt die weit verstreute Familie wieder zusammen und belebt auf liebevolle und unerwartete Weise die langjährige Beziehung zu seiner Frau, der »Kober Oma«.

Dabei sind die Kompetenzinhalte mündlicher Erzählkunst abgesehen von der Sprecherziehung noch nicht lange und nur rudimentär erforscht. Die Gründe dafür sind vielfältig.

Die abendländische Volkskunde hat den »Erzähler« erst in den Sechziger- und Siebzigerjahren des vergangenen Jahrhunderts entdeckt, als Ergebnis einer in den Kunst- und Kulturwissenschaften stattfindenden »performativen Wende«. Die Erzählforschung war bis dahin hauptsächlich an den Erzählstoffen und den Erzählsituationen interessiert, die aus einer soziologischen Perspektive beschrieben wurden. Nun wurde der Fokus des Interesses nicht mehr nur auf der Geschichte selbst gelegt, sondern auch auf der Art und Weise, *wie* sie erzählt wird und *wer* sie erzählt. Besonders betont wird nunmehr die lebendige Darstellung von Geschichten in Resonanz mit dem Publikum, wodurch die Erzählung zu einer aktiven, sinnlichen Erfahrung wird. Dies erfolgt durch die Bedeutung der körperlichen Präsenz, der Stimme, der Gestik und anderer handlungsbezogener Elemente in der Kunst des Geschichtenerzählens.

Bis heute ist wenig klar, in welcher Verbindung der Berufserzähler der vergangenen Jahrhunderte zum modernen Bühnenerzähler steht. Die Traditionslinien sind in Europa durch das Aufkommen der Massenmedien und einer Aufmerksamkeitsökonomie auch in der Unterhaltungsindustrie vollständig unterbrochen. Der moderne literarisierte westliche Erzähler hat somit die Aufgabe, den vermutlich ältesten Sprechberuf der Menschheitsgeschichte neu zu erfinden.

Erschwerend kommt hinzu, dass – anders als in verwandten darstellenden Künsten wie dem Schauspiel oder dem Musiktheater – für die Erzählkunst kein Anbieter akademischer Ausbildung existiert, sodass auch seitens einer grundständigen Ausbildung weder Forschungsdruck noch -anlass bestehen.

Nachfolgend möchte ich Ihnen fünf Gründe nennen, warum eine vertiefte wissenschaftliche Auseinandersetzung mit dem mündlichen Erzählen wichtig ist:

## 1. Mündliche Erzählkunst organisiert sich neu

Obgleich sich der etablierte Wissenschaftsbetrieb mit der mündlichen Erzählkunst wenig auseinandersetzt, entwickelt sie sich prächtig. Der Zulauf, dessen sich Erzählende und Erzählveranstaltungen erfreuen, erweckt den Anschein, dass sich Menschen wieder nach erzählerischer Mündlichkeit und persönlicher Ansprache in Form von Geschichten sehnen.

Christel Oehlmann, Autorin des erzähldidaktischen Übungsbuchs »Einfach Erzählen« aus dem Jahr 2007 und inzwischen verstorbene Professorin am Fachbereich Sozialpädagogik der Fachhochschule Hildesheim mit dem Schwerpunkt Kommunikation und Spiel, sprach anlässlich einer Fachtagung einmal vom »Erzählen als Aufstand gegen die sekundäre Welt der Medien durch die Schaffung von erzählerischen Primärerlebnissen«.

Das wachsende Angebot an Erzählseminaren und -lehrgängen, Vereinen und Festivals dient als Beweis für eine Renaissance des freien mündlichen Erzählens: Erzählkunstfestivals und -veranstaltungen finden heute an vielen Orten im deutschsprachigen Raum statt. Daran ist eine Vielzahl regionaler und bundesweiter Institutionen beteiligt. Auf seiner Website informiert der »Verband der Erzählerinnen und Erzähler (VEE)« kontinuierlich über die Vielfalt der Veranstaltungsformate im deutschsprachigen Raum.

www.erzaehlerverband.org

Der als gemeinnütziger Verein organisierte Interessensverband für haupt- und nebenberufliche Erzählerinnen und Erzähler im deutschsprachigen Raum feierte 2022 sein zehnjähriges Jubiläum. Er möchte sich für die Belange der Erzählkünstler einsetzen und sich der Förderung und Pflege mündlicher Erzählkunst widmen. Darüber hinaus sorgt er für eine erzählkünstlerische Qualitätssicherung, indem er Ausbildungsangebote bündelt und Lehrpläne sowie Prüfungsordnungen formuliert.

Der Verein »Goldmund e.V.«, gegründet im Jahr 2000 am Europa-Institut Saarbrücken der Universität des Saarlandes durch den Autor, ist ein weiterer Akteur im Bereich des Erzählens im deutschsprachigen Raum. Im Jahr 2001 wurde die Goldmund-Erzählakademie gegründet, die seit 2002 ihren Sitz in München hat. Das Ausbildungsangebot umfasst heute eine eineinhalbjährige berufsbegleitende Erzählausbildung (Zertifikatskurs), Intensivtage zur Erzählpädagogik, Erzählseminarreisen sowie eine Vielzahl von Inhouse-Angeboten

www.goldmund-erzaehlakademie.de

und Tages- und Wochenendseminaren zu Romantheorie, Erzählimprotheater und Storytelling.

Eine weitere Institution im Bereich des künstlerischen Erzählens, die in den vergangenen zwanzig Jahren entstand, ist der von Prof. Dr. Kristin Wardetzky geleitete Zertifikatskurs »Künstlerisches Erzählen – Storytelling in Art and Education« am Berliner Career Centre College der Universität der Künste in Berlin. Der berufsbegleitende Kurs, der über eineinhalb Jahre angelegt ist, vermittelt Erfahrungen in den Bereichen Bühnenkunst, Performanztechnik, Pädagogik, Dramaturgie und Erzähltheorie.

erzaehlen.udk-berlin.de

Auf internationaler Ebene ist bemerkenswert, dass in der UNESCO-Generalkonferenz im Oktober 2003 die Internationale Konvention zur Erhaltung des »immateriellen Kulturerbes« verabschiedet wurde. Sie ist ein wichtiger Schritt zur Bewahrung des geistigen Kulturerbes, das bisher zu oft im Schatten der physischen Weltkulturerbestätten stand.

Artikel 2 der Konvention nennt als Beispiele »immateriellen Kulturerbes« verschiedene kulturelle Ausdrucksformen, Sprachen, Wissen und künstlerische Fertigkeiten ebenso wie mit den kulturellen Traditionen von Gemeinschaften und Volksgruppen verbundene kulturelle Räume, darunter auch drei mündliche Literaturformen wie Mythen, Epen und Erzählungen.

www.unesco.de/kultur-und-natur/immaterielles-kulturerbe/immaterielles-kulturerbe-weltweit/unesco-uebereinkommen

Mit der Konvention wurden erzählerische Ausdrucksformen wie die Kunst der Sänger und Geschichtenerzähler aus Kirgisistan, die

Akyns, die Tradition der türkischen Epen- und Märchenerzähler, der Meddâhs, und die Erzähler des Djemaa el Fna, des zentralen Marktplatzes in Marrakesch, wie auch der Kulturraum und die mündliche Kultur der Semeiskije, das ist eine Glaubensgemeinschaft im Südosten Sibiriens, neu bewertet und in den Mittelpunkt öffentlichen Interesses gerückt.

Schließlich wurden im Jahr 2010 in Österreich und sechs Jahre später auch in Deutschland die deutschsprachigen mündlichen Erzähltraditionen in die nationalen Verzeichnisse des geistigen Kulturerbes aufgenommen.

Für die europäische Erzählkunst ist die »Federation of European Storytelling (FEST)« ein weiterer überstaatlicher Resonanzraum. FEST ist ein europäisches Netzwerk von Organisationen, Netzwerken und Verbänden, fördert indes nicht einzelne Erzähler, sondern repräsentiert nationale, regionale oder lokale Organisationen wie professionelle Erzählvereinigungen, Festivalveranstalter, Erzähltrainingszentren, lokale Behörden, Akademien, Hochschulen, Universitäten, Kulturzentren oder Bibliotheken. Derzeit hat der internationale Dachverband 99 Mitgliedsorganisationen in 28 verschiedenen Ländern Europas. FEST stellt auf europäischer Ebene Daten, Forschungsergebnisse und gute Praxisbeispiele zur Verfügung und möchte sich langfristig als beratende Organisation im Bereich des Erzählens für europäische Institutionen sowie die UNESCO und andere relevante Organisationen empfehlen.

fest-network.eu

Doch nicht allein die Erzählkunst, auch die Erzählkultur scheint sich neuer Beliebtheit zu erfreuen. Ein beispielgebendes Erzählkultur-Projekt findet sich in Kalifornien: das »Story Center«. Seine Wurzeln liegen in der künstlerischen und kulturellen Entwicklung der Vereinigten Staaten in den Siebzigerjahren, in der Folge Künstler und Kunstpädagogen begannen, die Vorstellung zu hinterfragen, dass Kunst nur für Begabte oder Profis zugänglich sein sollte. Sie erkannten, dass auch Laien einen kreativen Beitrag leisten können und wollten, Kunst für alle zugänglich zu machen, insbesondere für benachteiligte Menschen.

Die Organisation hat bis heute unzählige Menschen in Workshops darin geschult, Geschichten aus ihrem Leben zu erzählen. Dadurch hat das Story Center die Art und Weise verändert, wie Aktivisten, Pädagogen, Gesundheits- und Sozialdienstleister, Geschäftsleute und Künstler über die Macht ihrer persönlichen Stimme für einen gesellschaftlichen Wandel nachdenken. Ihr Anspruch »A living memory, an awareness of a collective identity woven of a thousand stories« könnte jederzeit auch die Zielsetzung eines hiesigen Erzählcafés sein.

Seit den Achtzigerjahren und besonders nach der Wende im Osten Deutschlands sind diese Räume des autobiografisch orientierten Erzählens zu einem niederschwelligen Anlass eines an Themen orientierten Erzählens und Zuhörens geworden.

## 2. Mündliche Erzählkunst wird kaum gefördert

Pointiert könnte man sagen, dass das kunstorientierte mündliche Erzählen von Geschichten als eigenwertiges sprachliches Handeln zwar zu den ältesten Kulturtechniken des Menschen gehört, aber paradoxerweise in seiner gesellschaftlichen Förderung wie auch in seiner wissenschaftlichen Reflexion in den Kinderschuhen steckt. Der Förderung der erzählenden Schriftlichkeit kommt, obschon der Mündlichkeit nachgelagert, ein weitaus höherer Stellenwert zu: Arbeits- und Aufenthaltsstipendien, Übersetzungshilfen oder Preise fördern auf Bundes- und Landesebene das literarische Erzählen.

Eine vergleichbare Förderung mündlicher Erzählkunst steht noch aus, gleichwohl die Renaissance des mündlichen Erzählens – wie oben beschrieben – aufseiten der Künstlerinnen und Künstler zu einer gewissen Selbstorganisation geführt hat. Doch trotz selbstverpflichtender Honorarrichtlinien können Erzählveranstaltungen, Festivals oder Publikationsprojekte nach wie vor nur selten angemessene Vergütungen auszahlen, sodass die wenigsten Erzählkünstlerinnen und -künstler im deutschsprachigen Raum allein von ihrer Kunst leben können. Das kunstorientierte mündliche Erzählen von Geschichten ist als eigene Sparte selbst in der freien Kunstszene wenig bekannt und damit für die staatliche Kulturförderung schwer greifbar.

Die Gründe dafür sind vielfältig; oft sind sie im Spannungsfeld von Schriftlichkeit und Mündlichkeit zu suchen. Sieht man von Präsentation und Rhetorik, Sprachgestaltung und Rezitation ab, so ist das mündliche Erzählen als eigenwertige Kunstform häufig nur Liebhabern zugänglich.

## 3. Mündliche Erzählkunst ist unscharf definiert

An dem gegenwärtigen Zustand setzt der Versuch an, mit diesem Buch Abhilfe zu schaffen. Allem voran gilt es, die Begrifflichkeit um den Terminus »Erzählen« im Grundsatz zu beleuchten. Ziel ist es, für den erzählkünstlerischen Ausdruck einen Definitionsraum zu finden, der es ermöglicht, das Phänomen auch sprachlich abgrenzen zu können. Denn das Verb »erzählen« ist im deutschsprachigen Raum mit großen definitorischen Freiheitsgraden und vielerlei Bedeutungen versehen. Selbst in der einschlägigen Literatur sind Widersprüche zu Form und Inhalt aufzufinden.

Beispielhaft sei hier ein Aufsatzauszug zitiert, in dem die Autorin vermerkt: »In gleicher Weise wie der Schauspieler muss der Erzähler einen Text lernen – eine Knochenarbeit!« (Wardetzky, 2002, S. 55). Diese Ansicht verweist darauf, dass es noch nicht geklärt ist, ob Textrezitation, also das gekonnt textgebundene Vortragen, als »Erzählen« bezeichnet werden kann oder sollte. Auch bleibt unklar, welche Merkmale für das kunstorientierte Erzählen konstituierend sind und welche davon geeignet sind, Schnittstellen zu verwandten performativen Künsten zu beschreiben.

Ein anderes Beispiel für einen unklaren Definitiosrahmen stellt die Dissertation Tabea Beckers aus dem Jahr 2001 dar, in der sie die Entwicklung sprachlicher Fähigkeiten von Kindern unter Berücksichtigung des Erzählens – kurz: »Kinder lernen erzählen« – untersucht. Hier und in ihren nachfolgenden Publikationen geht die Autorin linguistisch-quantitativ vor und weist die Erzählfertigkeit des Kindes anhand bestimmter semantischer Parameter im Transkript nach. Was Becker als »Erzählen« bezeichnet, ist jedoch streng genommen pure Sprachproduktion. Das Erzählen geht indes über diese operative Sprachverwendung hinaus und ist rein linguistisch-quantitativ nicht zu fassen.

Sogar Erzählkünstler haben ihre liebe Not, wenn sie erklären sollen, was sie tun. Mats Rehnman, ein schwedischer Profi-Erzähler, hat dies humorvoll mit folgenden Worten beschrieben: »Er [der Erzähler] verwickelt sich nun immer tiefer in Begründungen, warum Storytelling weder Literatur noch dramatische Dichtung ist. Aber wie gewöhnlich gelingt ihm auch dieses Mal keine gute Erklärung.« (2007, S. 14).

## 4. Mündliche Erzählkunst ist ohne verbindliche Didaktik

Im Vergleich zu anderen Kunst- und Kulturausdrücken findet sich für das kunstorientierte mündliche Erzählen keine Didaktik, die über einen beschreibenden Anspruch hinausgeht. Im Gegensatz zu anderen Kunstformen musste das zeitgenössische Erzählen in den westlichen Industrienationen den unwiederbringlichen Verlust mündlicher Traditionslinien verkraften. Ursachen dafür finden sich bereits im Zuge der Verbreitung des Romans durch die Erfindung der Buchdruckkunst, die der Aufnahme von Geschichten ihre soziale Funktion entzog und durch das stille Lesen bzw. Vorlesen quasi privatisierte.

Johannes Merkel, lange Jahre Lehrstuhlinhaber für Vorschulpädagogik in Bremen und Spezialist für mündlich überlieferte Literatur sowie ein Sammler und Kenner besonders von Märchen aus dem Orient, weist in seiner Studie »Sieh, damit wir sehen! Eine Geschichte des Geschichtenerzählens« daraufhin, dass seit dem 19. Jahrhundert in Europa Volkserzählungen zu nationalen Kulturgütern oder hintergründigen Kunstwerken erklärt worden seien, »die nicht mehr erzählt, sondern vor einem bildungsbürgerlichen Publikum rezitiert oder Kindern vorgelesen wurden« (Merkel, 2022, S. 342).

Weitere Analysen der Volkskunde zu den Berufserzählern der Vergangenheit bleiben dürftig und rein deskriptiv. Beispielhaft oberflächlich beschreibt der aus Sizilien stammende Volkskundler Guiseppe Pitré seine »beste Erzählerin«, Messia Agatuzzo, mit den Worten: »[Sie ist] alles andere als schön, besitzt die Gewandtheit der Rede, eindrucksvolle Sprache und fesselnde Erzählweise, die außergewöhnliches Talent verraten.« (Pitré, 1874, zitiert nach Wehse, 1983, S. 10).

Johannes Merkel: Sieh, damit wir sehen! Eine Geschichte des Geschichtenerzählens. Der Erzählverlag, Berlin 2022

Somit müssen sich die Erzählinteressierten unserer Tage alle Inhalte wie auch alle technischen Fähigkeiten von Neuem erarbeiten, was ein mühsames und schwieriges Unterfangen darstellt.

Als wenn dieser Mangel nicht genügen würde, orientiert sich die Mehrzahl erzähldidaktischer Veranstaltungen und Publikationen vor allem an einem einzigen Genre: dem Volksmärchen. In diesem Fall ist dem *Wie*, also der Frage der Erzählkompetenz, jedoch bereits ein *Was* vorgelagert.

Der Erzählstoff »Volksmärchen« weist in der erzählerischen Praxis jedoch Besonderheiten auf, die für andere Erzählstoffe unbedeutend sind.

Man könnte sich vorstellen, dass die Theaterpädagogik diese Lücke füllt. Dem ist aber nicht so. Ich werde im weiteren Verlauf dieser Darstellung zeigen, dass aufgrund der systemimmanenten Unterschiede des Schauspiels zum kunstorientierten mündlichen Erzählen auch seitens der Theaterpädagogik keine Abhilfe zu erwarten ist.

## 5. Mündliches Erzählen findet in der Lehrerausbildung nur unzureichend statt

In einer auch von sprachlicher Vielfalt geprägten Gesellschaft mangelt es den Lehrkräften nicht an wohlmeinenden Aufforderungen seitens der Bildungspolitik, ihre Schülerinnen und Schüler zum Spracherwerb anzuleiten. Erzählen und Zuhören spielen dabei eine überragende Rolle. So werden im Lehrplan des Freistaats Bayern für das Fach Deutsch an Grundschulen aktuell folgende Kompetenzerwartungen und Inhalte formuliert, wobei das Erzählen erwartungsgemäß unscharf definiert bleibt.:

»Die Schülerinnen und Schüler

– erzählen eigene Erlebnisse, informieren andere zu einfachen Sachverhalten (z. B. in kurzen Vorträgen),

– begründen ihre Meinung und tragen Gedichte oder andere Texte vor, auch in freier Rede.

– präsentieren Ergebnisse des eigenen Lernens, auch illustriert durch Medien (z. B. selbst erstellte Plakate).

– sprechen bei kleinen Vorträgen verständlich und deutlich zu anderen, setzen beim Sprechen sinnvolle Pausen und heben das Wichtige in Äußerungen durch Betonung hervor.

– bereiten eigene Beiträge vor, indem sie einfache Notizen oder Bilder verwenden, ihre Vorträge einüben (z. B. in Tandems) und Rückmeldungen beachten.

– setzen ihre Sprechabsichten in der persönlichen Sprachvarietät um (z. B. im Dialekt) und orientieren sich zunehmend an der Standardsprache.

– erbitten und geben wertschätzende Rückmeldungen zu Redebeiträgen.«

Um Kinder zum Erzählen anzuregen und anzuleiten, ihre vorhandene Erzählfreude zu stützen und zu schützen, sind jedoch erzählerische Fertigkeiten und Haltungen des Pädagogen unabdingbar.

Der Erzähldidaktiker Valentin Merkelbach kritisierte bereits 1995 (Merkelbach, S. 117), dass es – wie am bayerischen Lehrplan beispielhaft gezeigt – zwar nicht an Weisungen und Tipps fehle, wie man Kinder zum Erzählen anleite. Es mangele jedoch an den »Voraussetzungen für die Lehrbefähigung in diesem Lernfeld«, nämlich der eigenen »Erzählkompetenz der Lehrenden«. Anna Fuchs drückte es in einem Band von Konrad Ehlich so aus: Dass Lehrende eine Tätigkeit bei ihren Schülern »zensieren, die sie selbst so gut wie nie ausüben«, sei »ein Unding« (1984, S. 196).

Die Angebote der staatlichen Lehrerfortbildungszentren erreichen nach wie vor nur eine kleine Gruppe von Pädagogen. Erzählseminarveranstaltungen stellen die Ausnahme, nicht die Regel dar und sind nicht fest in Lehrplänen verankert; dies, obschon noch während der Fünfziger- und Sechzigerjahre »die Lehrererzählung selbstverständliches methodisches Mittel« war (Dehn/Warm, 1986, S. 34). Seitdem hat sich die schulische Wirklichkeit jedoch rasant verändert.

Ein lehrerzentrierter Unterricht ist einem selbstgesteuerten, schülerzentrierten und sozialintegrativen Unterricht gewichen. Lehrkräfte verstehen sich zunehmend als Lernbegleiter, das Erlebnis einer auch künstlerisch anspruchsvollen Erzählung wird an Externe ausgelagert, zum Beispiel an Märchenerzählerinnen. Der »Magister narrans«, ein erzählender Lehrer, wie ihn Valentin Merkelbach in Anlehnung an Hubert Halbfas beschrieben hat, ist heutzutage rar geworden.

Es sind daher nicht-staatliche Akteure, die die schulischen Lücken erkennen und Fortbildungsangebote unterbreiten. Seit 2008 gibt es zum Beispiel die Berliner Initiative »ErzählZeit«, die seitdem in 200 Grundschulen und 65 Kitas mit wöchentlichen Erzählstunden über einen Zeitraum von einem oder zwei Schuljahren zu Gast war. Die beteiligten Erzähler und Erzählerinnen verfügen über eine künstlerische Ausbildung und Berufserfahrung sowie die bereits oben erwähnte berufsbegleitende Zusatzqualifikation der Universität der Künste im Bereich des Erzählens. Mit dem Einsatz fremdsprachiger Erzähler wird der Sprachenvielfalt Berlins überdies Rechnung getragen. Im Schuljahr 2023/24 arbeitete die Initiative mit fünfzehn Berliner Grundschulen und fünf Kitas, bot Weiterbildungen für Lehrkräfte und Erzieher, Projektwochen im Verbund mit anderen Künsten und öffentliche Veranstaltungen für Kinder und Eltern an.

Bundesweite Fortbildungen in pädagogischer Erzählkunst bieten unter anderem auch die Goldmund-Erzählakademie und der Berliner Verein »Erzähl mir was! Verein für Erzählkunst und Erzählkultur« an.

erzaehlzeit.de

www.goldmund-erzaehlakademie.de

www.erzaehlmirwasverein.de

*»Der Erzähler im lauschenden Hörerkreis – abends am Lagerfeuer des Neandertalers: oder in der Spinnstube, beim Lichten – nimmt vorweg die Prosaformen von Anekdote, Märchen, Erzählung, Novelle, Roman.«*
Arno Schmidt

*Kapitel 2*

# Annäherung an eine fast vergessene Kunst

Erzählen ist ein selbstverständlicher Teil unserer Alltagskommunikation. Beinahe jedes Gespräch verfügt über erzählerische Anteile, über deren Einsatz sich der Sprechende meist gar nicht bewusst ist. Vielleicht ist die Unaufdringlichkeit der erzählerischen Mündlichkeit auch Grund dafür, dass sich in der deutschen Alltagssprache keine definitorische Unterscheidung entwickelt hat. Die informierenden und mitteilenden Anteile der Sprache – »erläutern«, »beschreiben«, »berichten«, »schildern«, »sprechen« usw. – und die erzählerischen Anteile können durchgängig mit »erzählen« umschrieben werden.

Illustration (S. 26) von Sonja Wimmer zu einer Geschichte von Norbert Kober nach einer Vorlage von Martin Buber und einer Inspiration aus einem Erzählprogramm von Jörg Baesecke und Hedig Rost mit dem Titel »Engel in Fetzen«.

Ein Rabbiner macht ein großes Geheimnis daraus, wie er den Sabbat feiert. Eines Tages jedoch kommt ein Spion ihm auf die Schliche. Von der Menschenliebe des Rabbiners tief beeindruckt erzählt dieser aber seinen Auftraggebern nur eine süße Lüge.

## Erzählen in der Praxis

Im abendländischen Denken verweist »Erzählen« auf »eine der ältesten Formen der Mitteilung, die sich durch besondere, zeitgebundene Übertragungsformen und Rezeptionsbedingungen von anderen Mitteilungsformen unterscheidet« (Honold in Benjamin, 2007, S. 324). Das Wort findet sich für uns das erste Mal in der antiken Literatur, und zwar um 800 v. Chr. in Homers »Odyssee« – bemerkenswerterweise im Imperativ: Ἄνδρα μοι ἔννεπε, Μοῦσα, πολύτροπον, ὃς μάλα πολλὰ / πλάγχθη, ἐπεὶ Τροίης ἱερὸν πτολίεθρον ἔπερσε. (»Sage mir, Muse, die Taten des vielgewanderten Mannes / Welcher so weit geirrt, nach der heiligen Troja Zerstörung«). Der deutsche Dichter und Übersetzer Johann Heinrich Voss hatte sich 1781 bei seiner Übertragung in Hexameterverse für den Imperativ »Sage!« entschieden. In der Tat ist εννεπε die Imperativform Präsens von εννέπω, was mit »sage, erzähle, beschreibe, erwähne!« übersetzt werden kann. Έννεπω beschreibt hingegen eine ausgedehntere Form von επω, »ich sage«, sodass sich der Begriff επως, das Epos also (»Erzählung«, »Dichtung«), direkt von der Infinitivform είπει˜υ, »erzählen«, ableiten lässt. In einem griechischen Epos wird also nicht etwas gesagt, sondern es wird erzählt. Erzählen bei Homer ist mithin eine ausgedehntere Form des Sprechens.

Im Deutschen ist »erzählen« hingegen ein Wort, das einen größeren definitorischen Spielraum zeigt. Das Wort weist in der deutschen Sprache semantisch eine »eigenartige« Vielfalt auf, so meinte es der Linguist und Sprachdidaktiker Konrad Ehlich (1983, S. 128). Er nahm daher eine Unterscheidung in »Erzählen1« und »Erzählen2« vor: Erzählen1 sei »der [...] Oberbegriff für eine Vielzahl von Tätigkeiten«, wie mitteilen, erzählen, schildern, wiedergeben, darstellen, berichten und anderes. Das Wort meine also »nicht nur [...] das Narrative im eigentlichen Sinn« (Ehlich, 1997, S. 51), sondern beinhalte in seiner alltagssprachlichen Verwendung eine große Zahl von Verben, die synonym für den Sprechakt verwendet werden. Auch das komplexere Erzählen2 falle unter diese erste Kategorie (vgl. Ehlich, 1983, S. 128ff.). Allerdings – und das ist nun der Unterschied zum Erzählen1 – weise Erzählen2 eine Besonderheit auf, nämlich den Gebrauch einer zusammenhängenden Geschichte beziehungsweise einer Erzählung. Damit hebt sich Erzählen2 »durch Funktion und Strukturmuster von [dem] neutralisierenden Oberbegriff« (Hurrelmann, 1986, S. 39) ab. Beim Erzählen2 erfolgt, was beim Berichten, Mitteilen oder Schildern nicht der Fall ist: Es verlangt eine größere Nähe des Erzählenden zum erzählten Inhalt. Der Sprecher ist »in das Erlebnis eingeschlossen« (Lehmann, 1983, S. 64).

Über die vergangenen zwanzig Jahre hinweg habe ich den Definitionsraum Konrad Ehlichs um eine dritte und eine vierte Form erweitert, das »Erzählen3« und das »Erzählen4«. Mir ging es darum, die Erzählkompetenzförderung Erwachsener in ihren verschiedenen Anwendungsgebieten beschreiben zu können sowie diese von dem eigenwertigen, künstlerischen Bühnenerzählen definitorisch abzugrenzen.

Erzählen3 lässt sich durch verschiedene Attribute definieren: frei und mündlich, literarisch, gegenwärtig und persönlich, geplant, beziehungsstiftend und darstellend (Kober, 2005, S. 213). Entsprechend beschreibt das ebenfalls ergänzte Erzählen4 ein von nichtkünstlerischen Zielen unabhängiger, eigenwertiger, mündlich-erzählerischer Ausdruck, der zum Beispiel auf Erzählkunstfestivals praktiziert wird.

Die folgenden Erläuterungen einzelner Kriterien des freien, mündlichen Erzählens beziehen sich sämtlich auf die vierte Kategorie des Erzählens und beschreiben die Praxiserfahrungen erfahrener Erzählerinnen und Erzähler sowie Experten der Erzählkunst, wie ich sie im Rahmen meines damaligen Dissertationsprojekts destillieren konnte.

## 1. Erzählen ist freies Sprechen

In keiner anderen definitorischen Frage schließen sich Ansichten derart kategorisch aus wie in der Frage, ob kunstorientiertes mündliches Erzählen nun »Sprechen im Vollzug«, also frei sei, oder ob es sich um ein textgebundenes, rezitatives Sprechen handele.

Um es kurz zu machen: Erzählen als »Sprechen im Vollzug« anzuerkennen, hat vielfältige, auch praktische Gründe. So ist die Fähigkeit zur spontanen Textproduktion unmittelbar mit anderen erfolgskritischen Merkmalen verbunden. Im textgebundenen Erzählen läuft der Erzähler Gefahr, seine Gegenwärtigkeit zu verlieren. Außerdem kann seine Interaktionsfähigkeit und Spontaneität durch textgebundenes Sprechen eingeschränkt sein. Und nicht zuletzt kann eine vor-

| Erzählen1 | Erzählen2 | Erzählen3 | Erzählen4 |
|---|---|---|---|
| mitteilen, erzählen, schildern, wiedergeben, darstellen, berichten u.a. | wie Erzählen1,<br>aber als Weitergabe von verschriftlichten oder mündlichen Geschichten in einer konstruierten Abfolge und mit einer größeren Nähe des Erzählenden zum erzählten Inhalt. | wie Erzählen2,<br>aber zusätzlich **frei**, nicht prämeditierend, nicht rezitierend; **mündlich**, nicht schriftlich; **literarisch**, nicht die Geschichte spontan entwickelnd; **persönlich** und **gegenwärtig**, nicht anonym und vermittelt durch beispielsweise einen Tonträger; **geplant**, nicht alltäglich; **beziehungssuchend**, nicht affektiert, selbstdarstellend; **darstellend**, da der isolierte, nur phonetisch wahrnehmbare Sprachausdruck nicht genügt | wie Erzählen3,<br>aber zusätzlich **eigenwertig**, nicht instrumentalisiert; **öffentlich**, nicht privat; selbst **gestaltet**, **interpretierend**, also **individualisierendes** Darstellen von Inhalten in Form von Geschichten, die einen wie auch immer gearteten Prozess der Werkentwicklung durchlaufen haben. |

Tabelle 1
Überblick über definitorische Ausfächerungen des Begriffs »Erzählen«

bereitete Geschichte in ihrer Anschlussfähigkeit nicht mehr fein abgestimmt werden, da sie eben feststeht. Der Literaturwissenschaftler Rüdiger Steinlein forderte indes ausdrücklich, dass die erzählten Texte »nach den Bedürfnissen der Erzählgemeinschaft variiert werden« und »jeweiligen Gegebenheiten angepasst werden« sollten (Steinlein, 1982, S. 167). Entdeckt der textgebundene Erzähler zum Beispiel, dass seine Geschichte gar nicht zu seinem Publikum passt, da ihm eine andere Publikumszusammensetzung angekündigt wurde, kann er im Grunde nur andere, passendere Geschichten aus seinem Repertoire wählen, aber nicht jene Geschichten, die er künstlerisch vorbereitet hatte, im Erzählprozess inhaltlich und sprachlich variieren – so wie es der freie Erzähler kann, wenn er die Empathie aufbringt, eine Fehlpassung zwischen Erzählstoff und Publikum zu erkennen. Bei der US-amerikanischen Erzählerin Harlynne Geisler findet sich eine interessante Sprachwendung für ihre Forderung, dass kunstorientiertes mündliches Erzählen »freies Erzählen« sein sollte. Sie forderte: »Speak without authority«.

Gestützt wird diese Ansicht auch durch die Volkskunde. Julia Schmidt meinte treffend: »Nicht ›das Volk‹ erzählte die Märchen, sondern es waren einige, besonders anerkannte Erzähler die (im Gegensatz zu den Zuhörern, die sie zwar dem Inhalt nach kannten) aktiv gestalten konnten. Sie vermochten die gegenwärtige Situation, die Erwartungen der Hörer und auch eigene Erfahrungen in ihre Märchen mit einzubeziehen, und sie trugen sie auf diese Weise, fernab jeder ›Texttreue‹, immer neu und anschaulich vor.« (Schmidt, 1982, S. 86).[1]

Allerdings ist noch ein weiteres Phänomen zu betrachten: Dass Erzähler, die sich dem freien Erzählen verpflichten, durch das oftmalige Erzählen ein- und derselben Geschichte in einen »prämeditierenden Sprachmodus« gelangen. In anderen Worten: Sie lernen lange Passagen ihrer Geschichte während des Erzählens in ihrer eigenen Erzählsprache auswendig – und sind sich dessen nicht bewusst. Die Frage, ob diese Praxis des »unbewussten Memorierens« den oben genannten Forderungen nach Gegenwärtigkeit, Interaktionsfähigkeit oder Spontaneität entspricht, kann an dieser Stelle nicht abschließend beantwortet werden.

Auch bleibt offen, ob Kombinationsmöglichkeiten zwischen den beiden Sprachmodi »frei« und »textgebunden« gefunden werden können – sieht man einmal von feststehenden Formeln aus den Volksmärchen wie »Wer hat aus meinem Tellerchen gegessen?« ab. Zu vermuten ist, dass es bewusste Kombinationsmöglichkeiten nicht gibt. Als Hinweis darauf sei die Erzählerin Gertrud Hempel (1919–2013) zitiert: »Wollen Sie den Buchtext, der interessiert, gern wortgetreu sprechen, dann sollten Sie das Büchlein schließen, weil darüber nichts drinsteht.« Hempel, die persönlich Volksmärchen als Erzählstoff favorisierte, hatte nicht einmal versucht, atmosphärisch Brücken zwischen den beiden Sprachmodi zu schlagen.

[1] Es bleibt die Frage, ob sich textgebundenes Erzählen auch gegen die Forderung stellt, Erzählstoffe selbst zu gestaltet und zu individualisieren. Dies kann verneint werden, denn es ist durchaus vorstellbar, dass ein Erzähler einen Erzählstoff bearbeitet, individualisiert und ihn dann auswendig lernt. Soweit besteht relative Klarheit.

## 2. Erzählen ist eigenwertig und vermittelt Inhalte

Ist zeitgenössisches Erzählen »eigenwertig« oder »zweckorientiert«? Bereits die Frage führt aufs Glatteis, denn Erzählen als eigenwertiges künstlerisches Schaffen und das Erzählen als Instrument für pädagogische oder heilsame Zwecke stehen sich nicht als Gegensatz gegenüber.

So könnte man sich vorstellen, dass ein erzählender Lehrer ein bestimmtes Märchen vormittags frei erzählt, um zu belehren, zu sensibilisieren oder unter den Schülerinnen und Schülern eine bestimmte (Märchen-)Stimmung hervorzurufen – und abends dasselbe Märchen nochmals im Freundeskreise erzählt, weil er schlichtweg Freude am gesprochenen Wort findet und die Geschichte mit seinen Freunden teilen möchte. Erzählen ist sehr wohl auch in seiner instrumentalisierten Form künstlerisch wertvoll.

Der Erzähldidaktiker Valentin Merkelbach hatte in der Beschreibung des »Magister narrans« ein Beispiel des kunstfertigen Erzählers eingebracht, der dennoch als erzählender Lehrer dem zielgerichteten Erzählen verpflichtet ist. In diesem Buch findet sich dazu ein ausführliches Anwendungsbeispiel. Gleiches ließe sich für das heilsame Erzählen berichten.

## 3. Erzählen ist beziehungsstiftend

Die beziehungsstiftende Haltung des Künstlers mit seinem Publikum ist ein konstituierendes Merkmal der Erzählkunst. Die Einladung zum Beziehungsaufbau geht vom Erzähler aus: Otto Kruse, Lehrstuhlinhaber für Angewandte Linguistik und Kulturwissenschaften der Universität Zürich, sprach in Bezug auf die Beziehungssuche des Erzählers zu seinem Publikum von einem »Soft-Einstieg« in die Erzählsituation, um »Wohlbefinden« zu schaffen. Und der Erzähler Klaus Adam sagte in dem mit ihm geführten Gespräch treffend: »Der Erzähler ist [im Vergleich zum Musiker oder Schauspieler, der Verf.] der Einzige, der das nicht allein machen kann, der elementar und grundsätzlich auf sein Publikum angewiesen ist, er kann keine Geschichte für sich erzählen.« Auch Kristin Wardetzky meinte: »Ich kann es nicht beschreiben, was da passiert zwischen den Zuhörern und dem Erzähler – eigentlich sind sie beide Erzähler.« Erzählen sei, so Valentin Merkelbach, »kein selbstbezogenes Tun, sondern ein dialogischer Vorgang« (1995, S. 123).

Die Interaktion zwischen Erzähler und seinen Zuhörern war bei dem west-afrikanischen Stamm der Limba leicht zu beobachten. In ihren Erzählsituationen fand sich im Publikum stets einer, der antwortete, der stellvertretend für das gesamte Publikum mithilfe von Zwischenrufen (»Glaub ich nicht!«, »Wirklich wahr?« usw.) in einen Dialog mit dem Erzähler trat, auf die der Erzähler dann einging (vgl. Finnegan, 1967, S. 33ff.). Westliche Erzählsituationen zeichneten sich hingegen weniger durch derart aktive Wechselbeziehungen aus, was aber nicht heißen soll, dass es dieselben nicht gab. Dazu Rüdiger Steinlein grundsätzlich: »Erzählen konstituiert ursprünglich einen geselligen Zusammenhang, der nicht allein die eingeschränkte Erzähler-Zuhörer-Kommunikation als Einbahnstraße zulässt, sondern in der normalerweise vielfältige Binnenbeziehungen zwischen allen Beteiligten möglich sind [...].« (1982 S. 156) Erzählen ist somit als »genuines Erzählen« (Bloch, S. 565, zitiert nach Steinlein) »an das Beisammensein von Erzähler und Zuhörer gebunden« (ebd. S. 156).

Unter zeitgenössischen Erzählern geht die süße Furcht um, als Erzähler in eine Radiosendung eingeladen zu werden, ein Mikrofon vor sich zu haben und nur für das Mikrofon eine Geschichte erzählen zu müssen, ohne eines einzigen Zuhörers gewahr zu sein – auch für mich keine angenehme Vorstellung. Sie wurde in den Pandemie-Jahren 2020 bis 2022 jedoch für viele freischaffende Erzählende in zahlreichen Digitalformaten zur Realität.

## 4. Erzählen ist darstellend

Es besteht kein Zweifel, dass kunstorientiertes Erzählen ein darstellender Sprechakt ist, und zwar nicht nur ein isolierter, auditiv wahrnehmbarer, sondern ein performanzorientierter, den ganzen Menschen fordernder Sprechakt. Selbst in der epischen Erzählhaltung, der Haltung der »Spinnstuben« aus dem 19. Jahrhundert, ist das

Nicht-Spielen und das Nicht-Modulieren auf eine bewusste künstlerische Entscheidung zurückzuführen.

Der performativen Ausgestaltung der Erzählsituation sind jedoch Grenzen gesetzt. Der Erzähler benötigt ein Gefühl für das rechte Maß der dramatischen Ausformung des Erzählstoffes. Das Streben nach Kongruenz des Erzählers mit seinem Erzählstoff und dem Publikum sowie der erzählerischen Mittel untereinander schafft die Balance zwischen den unterschiedlichen Wirkerwartungen. Das künstlerische Ego des Erzählers sollte folglich nicht größer sein als seine Geschichte oder als Frage formuliert: Stellt sich der Erzähler in den Dienst der Geschichte oder macht sich der Erzähler die Geschichte dienlich? Das Kriterium »Körperselbstverständlichkeit« wird im weiteren Verlauf dieses Buches noch ausführlich thematisiert.

## 5. Erzählen ist gegenwärtig und persönlich

In den Achtzigerjahren gab es Versuche, Bühnenprogramme mit filmischen Mitteln »einzufangen«. Der mäßige Erfolg führte dazu, dass heute selbst Spitzenkabarettisten von ihren Programmen selten DVDs oder Streams produzieren, da das Flair der Live-Situation flüchtigster Natur ist. Ähnlich verhält es sich mit der Erzählkunst: Sie soll im Hier-und-Jetzt sein, in dem der Erzähler persönlich und gegenwärtig auf sein Publikum eingehen kann. Dadurch eröffnet der Erzähler einen Raum für Gegenwärtigkeit, in dem von einem Augenblick zum nächsten Geschichten immer wieder neu erzählt werden. In diesem Raum der Gegenwärtigkeit ist der Erzähler aufgefordert, etwas von sich preiszugeben und sein Ich nicht hinter einer Rollenvermutung zu verbergen. Der Erzähler betritt in seiner ganzen Privatheit die Bühne. Über das Verhältnis des freien Erzählens zum Schauspiel wird später noch zu reden sein.

## 6. Erzählen ist literarisch

Dieses Diktum soll nicht verwirren. Die Annahme, dass kunstorientiertes mündliches Erzählen literarisch sei, bedeutet nicht, dass es sich an der Schriftlichkeit zu orientieren habe. Es geht vielmehr darum, die Qualitätsmerkmale dramaturgisch gestalteter Plots zu finden, also die Handlungsstränge in Verbindung mit dem Beziehungsgefüge der Protagonisten der Erzählung zu bringen.

Der Erzähler beachtet in seinen Geschichten die Spannungsbögen, Psychogramme der Protagonisten, interessante Konfliktlösungsszenarien, Pointen, die »Minimalbedingungen der Ungewöhnlichkeit« (Rath, 1981, S. 266), retardierende Momente und andere dramaturgische Kniffs, die eine Geschichte zu einer »guten«, erzählenswerten Geschichte machen. Es gilt, diese Qualitätsmerkmale entweder im Prozess der Werkentstehung einzuflechten oder nur solche Geschichten zu wählen, die diese Qualitätsmerkmale bereits in sich tragen. Dies befreit den Erzähler aber nicht von der Aufgabe, literarische Vorlagen zu vermündlichen, also den Übersetzungsprozess von einer schriftlichen in eine mündliche Wirkungsästhetik zu betreiben. Das Stichwort »dramaturgische Sicherheit« wird in uns im weiteren Verlauf noch ausführlich begegnen.

Der langjährige Lehrstuhlinhaber für Vorschulpädagogik in Bremen, Johannes Merkel, sieht in einer gelungenen »Literarisierung« den Schlüssel dafür, dass beispielsweise chinesische Berufserzähler ungleich den europäischen Erzählern nicht durch die Verbreitung des Buchdrucks ihre Lebensgrundlage verloren haben (vgl. Merkel, 1989).

## 7. Erzählen ist geplant

Die Feststellung, dass kunstorientiertes mündliches Erzählen ein geplanter Sprechakt sei, erscheint auf den ersten Blick überflüssig, da man annehmen könnte, dass sich ohnedies kein vernünftiger Mensch vor ein Publikum stellt und spontan beginnt, sozusagen einer inneren Eingebung folgend, Geschichten zu erzählen, die ihm in diesem Augenblick zufallen, und die in den Augen eines kulturell interessierten Publikums auch Bestand haben. Allerdings ist die Annahme der Geplantheit ein hilfreiches abgrenzendes Merkmal, da es zum Beispiel im Improvisationstheater Spielsituationen gibt, die genau dieses spontane Erfinden und zeitgleiche Erzählen von Geschichten zum Ziel haben. Zudem hilft das Merkmal der Geplantheit, das kunstorientierte bühnenhafte Erzählen gegen die Alltagserzählung abzugrenzen, die ihrer Natur nach auch kein geplanter Sprechakt ist.

Geplantheit könnte hier im Sinne Wintgens (1980) verstanden werden, der das spontane und ungeplante Erzählen als einen Ausdruck von »unter Hochdruck stehendem Mitteilungsbedürfnis« (S. 34) versteht, wogegen das geplante und wiederholte Erzählen einer Geschichte ein Sprachhandeln sei, welches »bewusst darauf ausgerichtet sei, den Zuhörer zu fesseln« (Merkelbach, 1995, S. 15).

## 8. Erzählen ist individuell gestaltet und interpretierend

Die mündliche Erzählkunst wird zu Recht den performativen darstellenden Künsten zugeordnet. Diese Tatsache verstellt allerdings den Blick auf die Prozesse der Werkentstehung und der Aneignung einer Geschichte, die für den Zuschauer unsichtbar verlaufen, aber nichtsdestoweniger hochgradig erfolgsrelevant sind. Dies sind die Prozesse, in denen der Erzählkünstler eine individuelle, emotionale, kognitive und interpretierende Auseinandersetzung mit seinen Stoffen durchlebt – Prozesse, in denen er, so der Schauspieler und Regisseur Jörg Baesecke, »Herr« über seinen Erzählstoff wird und, so die US-amerikanischen Erzählerin Harlynne Geisler weiter, ein »extensive research, rewriting and rehearsal« betrieben wird.

Das Ergebnis der kognitiven wie auch der emotionalen Auseinandersetzung lässt den Erzählkünstler als Person durch den Erzählstoff hindurchscheinen – er hat, so Otto Kruse, »Tiefendimensionen ausgelotet« und sich die Geschichte zu eigen gemacht und damit die persönliche Verantwortung für dieselbe übernommen. Weniger literarisch drückte sich in meinen Gesprächen mit erfahrenen Erzählerinnen und Erzählern sowie Experten der Erzählkunst Gertrud Hempel aus: Es gelte im Text das Wichtige vom Unwichtigen zu trennen und solange zu üben, bis die Geschichte »sitzt«, dann komme der Erzähler nicht ins »Schwatzen«.

Der Erzähler ist folglich nicht anonymer Überbringer einer Geschichte, sondern er *ist* die Geschichte. Dabei wird ein bestimmter Teil seiner Persönlichkeit transparent. Das Ergebnis der künstlerisch-interpretierenden Auseinandersetzung des Erzählers mit seinen Stoffen macht ihn zum Autor und damit auch verantwortlich für seine Stoffe. Dies ist eine Ansicht, die zwar in der erzähldidaktischen Literatur kaum berücksichtigt wird, die in Erzählkünstlerkreisen aber weitgehend selbstverständlich ist.

## Erzählen in der Theorie

Nach Klärung der alltagssprachlichen Wortbedeutungen des Verbs »erzählen«, dem Aufbau eines definitorischen Deutungsrahmens und einer deskriptiven Annäherung darüber, was das freie mündliche Erzählen tatsächlich zu sein scheint, lassen sich weitere, grundsätzlichere Gesichtspunkte der Tätigkeit des Erzählens erschließen: Indem eine Geschichte erzählt wird, entrollt sich dem Publikum – einem Teppich gleich – eine Abfolge zeitlicher und räumlicher Bedeutungsebenen.

Dem Grammatiker und Stilist Harald Weinrich zufolge kommt dabei besonders der Zeit Bedeutung zu: »Die Zeit, die ihm [dem Erzähler, der Verf.] zu schaffen macht, ist aber die Zeit, die er zu schaffen hat: die Zeit der Erzählung. Das ist wiederum eine doppelte Zeit, und zwar zum einen die Eigenzeit und der Erzählung als solcher, die Thomas Mann eine musikalische Zeit nennt, zum anderen die imaginäre und perspektivische Zeit des erzählten Geschehens.« (Weinrich, 2001, S. 36).

Der Philosoph und Literaturkritiker Walter Benjamin fügte dem Erzählen neben der zeitlichen eine räumliche Dimension zu: Während des Erzählens werden »Vorkommnisse wiedergeben, welche schon geschehen und prinzipiell auch bereits bekannt sind, sodass das Erzählte höchstwahrscheinlich irgendwo auf dieser (oder in einer anderen) Welt die gleichen Helden hat, aber andere Gewährsleute und

Mitwisser. Jede Geschichte ist auf gewisse Weise ›schon da‹, bevor sie im Hier und Jetzt erzählt wird. Die Teilhabe an diesem allgemeinen Raum und Zeit übergreifenden Strom des Erzählens ist offen, alle Formen der Aneignung und Wiederholung sind erlaubt, denn die Variationsmöglichkeiten bleiben unerschöpflich« (Honold in Benjamin, 2007, S. 306).

Die Erzähl- und Bewältigungsforscherin Gabriele Lucius-Hoene am Institut für Psychologie der Universität Freiburg differenzierte das Erzählen zwischen den Koordinaten Zeit und Raum noch weiter aus, indem sie im Erzählvorgang fünf Erzählschritte erkannte:

- die sprachliche Konstruktion eines Wandels in der Zeit;
- die Vergegenwärtigung eines Ereignisses, das zu einem anderen Zeitpunkt stattgefunden hat;
- die Übereinstimmung der Erzählansätze mit der Zeitabfolge;
- die Inszenierung einer Erinnerung an damaliges Geschehen;
- die Konstruktion – nicht das Abbild – von Geschehenem (Lucius-Hoene, 2005).

Diese zeitlichen und räumlichen Aspekte des Erzählens stehen in einer sinnhaften Ordnung zueinander, die sich im Rahmen des Erzählens, dem Religionspädagogen Dietrich Steinwede (1975) folgend, aus sachlichen und sprachlichen Gründen »entfaltet«.

»Entfalten heißt hier: die Grundlinien des Textes ausziehen, seine Grundgedanken ausführen, seine Bilder auszeichnen« (Tschirch,

1997, 32f.). Das Erzählen verschafft damit den Zuhörern Zeit, um sich in eine Geschichte hineinzufinden. Es biete zum Verständnis notwendige Sacherklärungen und wichtige Deutungen und bildet so eine Brücke zwischen der Geschichte und der Lebenssituation des Publikums.

Der erzählerische Vorgang der »Entfaltung« von Erklärungen und Deutungen findet sich in der Aufeinanderfolge von Erzählbausteinen wieder: »Exposition«, »Komplikation«, »Solution«, »Moral« (auch: »Coda«). (vgl. Ehlich, 1983; Labov & Waletzky, 1973). Die Exposition diene zu Beginn der Orientierung über die Ausgangssituation. Die Komplikation, die die Handlung in Gang setzt, schildere ein »ungewöhnliches Ereignis«, das in sich problematisch oder widersprüchlich sei. Relevanz und Moral der Geschichte werden schließlich nach und nach herausgearbeitet. Die Solution löse den Konflikt – oder führe zur Katastrophe. Der Baustein »Moral« beinhalte wiederum häufig eine abschließende Stellungnahme des Erzählenden, was vor allem im pädagogischen Umfeld von Interesse sei. Ziel des Erzählens sei schlussendlich, eine erlebte oder erfundene Geschichte so zu präsentieren, dass das Publikum die Entfaltung der Erzählbausteine gedanklich nachvollziehen und die Moral nachempfinden könne.

Betrachten wir den Erzählbaustein »Komplikation« noch einmal genauer: Es besteht allgemeine Einigkeit darüber, dass das Erfüllen einer gewissen Mindestbedingung von Ungewöhnlichkeit ein Kennzeichen des Erzählens ist (Quasthoff, 1980, S. 27). Nach Labov und

Waletzky (1973, S. 114) gilt dies gar als wesentliche Voraussetzung für eine Erzählung. Das »irgendwie ungewöhnliche« Ereignis unterscheidet das Erzählen einer selbst erlebten Geschichte vom bloßen Beschreiben oder Berichten (Becker-Mrotzek, 1997, S. 341). Der bereits zitierte Sprachdidaktiker Konrad Ehlich fasste diesen Baustein passend zusammen: »Das Unerwartete bildet das Zentrum der Geschichte und damit die Struktur dessen, was erzählt wird und wie es erzählt wird« (Ehlich, 1983, S. 140). Das Unerwartete verlange schließlich nach Aufklärung, es möchte gelöst und bewertet werden, so Ehlich weiter. Dadurch werde auch das Publikum in das vom Erzählenden erlebte Geschehen involviert und fordere geradezu die Auflösung der Geschichte. Erst der Bruch aus dem Erwartbaren, von Seidel auch »Planbruch« genannt (Seidel, 1988, S. 14ff.), löst die weitere Handlungsfolge aus.

Es ist nicht verwunderlich, dass die genannten Überlegungen eine gewisse Breite aufweisen, denn das Verb »erzählen« kann in der deutschen Sprache nur vor dem Hintergrund eines konkreten Anwendungsfalls beschrieben werden. Einigkeit besteht aber darin, dass Erzählen im Kern als strukturierte Großform sprachlichen Handelns betrachtet werden kann: Es dient der Weitergabe von Geschichten mit unerwarteten Ereignissen und in einer bestimmten Abfolge, deren Bausteine sich schrittweise entfalten. Dabei wird eine Nähe des Erzählenden zum erzählten Inhalt vorausgesetzt.

Bereits die Volkskundlerin Linda Dégh, Mitautorin der »Enzyklopädie des Märchens«, sah im mündlichen Erzählen von Geschichten ein »elementares Bedürfnis« des Menschen, wie es auch im Spiel und Gesang zu finden sei. Erzählen ziehe seine Kraft aus der mündlichen Erzählweise, aus »Klang, Rhythmus und Tempo« sowie aus »begleitenden nichtverbalen Zeichen«. Dégh sah in der Erzählung folglich eine »einmalige Erzählversion«, ein nicht wiederholbares Zusammenwirken von Erzähler und Zuhörerschaft (1984, S. 315ff.).

Der englische Erzählkünstler Ben Haggarty beschrieb das Erzählen folgerichtig als »interpretierende Improvisation« (Haggarty, 1996, S. 21). Damit verband er die Aufgabe, vorhandenes Material zu einem persönlichen Ausdruck zu verhelfen. Haggarty zog entsprechende Vergleiche zum Jazz und zum ursprünglichen, direkten, responsiven Theater (ebd., S. 22). Des Weiteren unterschied er beim Erzählen eine »hearthside tradition« und eine »professional tradition«. »Hearthside« beschreibt die Erzählsituation im familiären und freundschaftlichen Rahmen, quasi am Herdfeuer. »Professional« meint hingegen den künstlerischen Beruf, also das Erzählen zum Broterwerb.

Haggarty sah das Erzählen bei beiden Formen als eine Mischform aus geplantem und spontanem Tun: Geplant ist die genaue Kenntnis der zu erzählenden Geschichte, spontan sind der freie Vortrag und die Anpassung an das jeweilige Publikum. Die Erzählstoffe werden vom Erzähler, so Haggarty, nach seinem eigenen Verständnis authentisch interpretiert und also von »verstaubten Büchern« befreit. Haggarty sah genauso wie Dégh zwischen Erzähler und Publikum eine kommunikative Beziehung, die einem Steuer-Regel-Mechanismus gleiche. Die Abhängigkeit des Erzählers von seinem lauschenden und selbstvergessenen Publikum sei daher deutlich höher als bei vergleichbaren Bühnenkunstformen. (Haggarty, 1996, S. 5ff.).

Mit seinem Versuch, bei Erzählsituationen zwischen einer »hearthside tradition« und einer »professional tradition« zu unterscheiden, wollte Haggarty abgrenzende Merkmale des Bühnenerzählens im Vergleich zum »Erzählen am Herdfeuer« finden. Letzteres ist verstärkt im modernen Kulturbetrieb auf Kleinkunstbühnen, in kleinen Theatern oder neuerdings auch als Story-Dinner im Rahmen offizieller Abendessen zu beobachten. Und darum soll es in diesem Buch vor allem gehen, in dem das Modell einer Könnerschaft des mündlichen Erzählens vorgestellt wird.

Deutlich wurde der Unterschied auch im Aufsatz »Erzähltheater – Fragen an eine Form« des freien Schauspielers und Regisseurs Jörg Baesecke. Darin steht ein Erzähler im Mittelpunkt, der auf Bühnen auftritt, also ein »Bühnenerzähler« ist, dies in Abgrenzung zu einem Erzähler, der in Kindergärten, Schulen, Horten, Tagesstätten, Krankenhäusern oder Seniorenheimen erzählt, was im englischen Sprachraum als »community storytelling« bezeichnet wird.

Der Verband der Erzählerinnen und Erzähler e.V. (VEE) hat diese Diskussion in einem Modell der drei Säulen wie folgt geklärt:

### *Bühnenerzählen*

»Es umfasst alle Arten des sogenannten ›unterhaltenden‹ Erzählens, egal ob auf einer Bühne, in sozialen Räumen, der Natur, überall dort, wo Menschen zusammenkommen. Es ist für alle Altersstufen möglich, ob gemischtes Publikum oder ein Zielpublikum. Geschichten aller Art werden frei erzählt, spontan oder geplant, mit oder ohne thematischen Bezug. Feste und Feierlichkeiten aller Art sind in dieser Art des Erzählens miteingeschlossen.«

### *Pädagogisches Erzählen*

»Basiert auf kulturwissenschaftlichen, psychologischen und soziologischen Theorien und Erkenntnisse und beinhaltet Kultur, Bildung und Pädagogik für bestimmte Lebensphasen und Altersstufen. Das pädagogische Erzählen kann Werte und Inhalte vermitteln, Erfahrungen weitergeben und Erkenntnisse ermöglichen.«

### *Heilsames Erzählen*

Das heilsame Erzählen hat keinen therapeutischen Ansatz. »Es dient dazu Trost zu spenden, Zuwendung und Gemeinschaftsgefühl zu schenken und die Person oder Gruppen durch Geschichten anzuregen. Es soll die heilsamen Kräfte im Zuhörenden wecken und vielfältige Wege aufzeigen, mit herausfordernden Themen des Menschseins besser umgehen zu können.«[2]

[2] Drei Säulen des Erzählens. https://erzaehlerverband.org

Von welchem Erzählen handelt nun dieses Buch? Wenn im Folgenden von »mündlicher Erzählkunst« gesprochen wird, ist damit folgendes, im mitteleuropäischen Kulturbetrieb beobachtbares Phänomen im Sinne eines »Erzählen4« gemeint:

> *Ein Mensch, der sich selbst Erzähler, Märchenerzähler, Erzählkünstler oder Ähnliches nennt, begibt sich in eine vorbereitete Bühnensituation, um dort – in der Regel alleine – einem kunstinteressierten Publikum, das sich nicht ausschließlich aus Freunden und Familienmitgliedern oder einer anderen festen Gruppe zusammensetzt, frei eigene und bzw. oder fremde Geschichten zu erzählen.*

In dieser künstlerisch anspruchsvollen Erzählsituation zeigt sich – im Gegensatz zum zweckgebundenen, kontextabhängigen Erzählen im Klassenraum oder anderswo mit festen Gruppen – »Kompetenz« idealtypisch manifestiert.

Bei der semiprofessionellen Erzählung, zum Beispiel vom erzählenden Grundschulpädagogen, würden einzelne Fertigkeiten, die für professionelle Erzählkunst von Bedeutung sind, nicht notwendigerweise in Erscheinung treten müssen.

Zur Untersuchung der notwendigen Kompetenzen für mündliches Erzählen verspricht das eigenwertige Bühnenerzählen mithin eine reichere Ausbeute an Einzelaspekten, da es kontextunabhängig, unbefangen und losgelöst von funktionalen Zielen wie erziehen, heilen oder beschulen ist.

*»Ich finde es wunderschön, wenn ein Erzähler eine souveräne Persönlichkeit ist, dies ausstrahlt und die Fähigkeit zur Selbstironie hat.«*
Helga Gruschka

*Kapitel 3*

# Könnerschaft des freien mündlichen Erzählens

Als ich vor zwanzig Jahren im Rahmen meines Dissertationsprojekts Interviews zur Könnerschaft des freien mündlichen Erzählens führte, kamen die zahlreichen »Stellschrauben« zur Sprache, an denen die Könnerschaft des Erzählens zu justieren sind. Es wurden Schlagwörter genannt wie »Stimme«, »Gestik und Mimik«, »Wortschatz«, »Sprachfähigkeit«, das Beherrschen von »Takt und Rhythmus«, »dramatische Mittel«, »Lebendigkeit«, »Emotionalität des Erzählers«, »Sinnenhaftigkeit«, »Empathie für den Erzählstoff«, »Bühnenpräsenz«, »Interaktionsfähigkeit«, »Schlagfertigkeit«, »Persönlichkeit«, »Geschichtenentwicklung«.

In diesen Interviews sprachen ausgewählte Erzählkünstlerinnen und -künstler sowie Wissenschaftler über das freie mündliche Erzählen und reflektierten vor dem Hintergrund ihrer eigenen, bereits bewiesenen professionellen Könnerschaft die Anforderungen an einen »Magister narrans«.[3]

[3] Alle Interviews sind in Form von Transkripten und der gesamte Prozess der Auswertung derselben auf dem Publikationsserver OPUS der Universität Augsburg unter dem Suchnamen »Die Könnerschaft mündlicher Erzählkunst : Begriff - Inhalt - Modell« einsehbar. Vgl. https://opus.bibliothek.uni-augsburg.de/opus4/frontdoor/index/index/year/2009/docId/1265

Demnach sollte ein Erzähler

- sein Erzählstoff nicht nur emotional, sondern auch intellektuell durchdrungen haben,
- mit dem Publikum innerlich verbunden sein und zu ihm eine Beziehung haben, sodass es in die Erzählung einbezogen werden kann,
- insofern schlagfertig und interaktionsfähig sein und mit dem Publikum spielen können,
- sich seinen sprachlichen und mimischen Ausdrucksmöglichkeiten, seiner Performanz, bewusst sein und diese lediglich dort einsetzen, wo sie unmittelbar von der Geschichte gefordert werden,
- ein Bewusstsein seines natürlichen Temperamentes haben,
- und während des Erzählens eine angemessene »poetischen Dichte« entwickeln können.

Illustration (S. 50) von Sonja Wimmer zu einer Geschichte von Norbert Kober, mit der er regelmäßig seine Erzählabende beschließt.

Ein Erzähler steht in den Diensten einer äußerst schönen, doch grausamen Königin. Mit seinen Erzählungen erwärmt er im Laufe der Zeit ihr Herz, macht es wieder leicht und durchlässig. Eines Abends, während er ihr eine Gute-Nachtgeschichte erzählt, schläft er versehentlich in ihrem goldenen Bett ein.

In den Interviews wurde schnell deutlich: Der Erzähler ist in seiner gesamten Persönlichkeit gefordert. Eine tiefe, innere Auseinandersetzung mit dem Erzählstoff und zugleich mit sich selbst sei der Schlüssel zum Herzen der Zuhörer und also zum Erfolg des Erzählenden.

Andernorts häufig genannte erzählerische Anforderungen wie eine »gute Stimme« und andere Techniken verschwanden in ihrer Bedeutung weit hinter den Forderungen an die emotionalen, insbesondere empathisch-beziehungsorientierten Fähigkeiten des Erzählers.

Der sprachliche und körperliche Ausdruck sei lediglich ein Spiegel des inneren Beteiligtseins an der Geschichte und an der Erzählsituation, fernab jeder Choreografie.

Die Einheit von Persönlichkeit, Erzählstoff und Performanz habe sogar die Kraft, handwerkliche Defizite zu kompensieren, hieß es in den Gesprächen. Diesem Primat von »Stimmigkeit« – immer wieder auch mit dem Begriff »Kongruenz« benannt –, wie ich es damals formulierte, war freilich nicht abzuleiten, dass die Weiterentwicklung von Einzelfertigkeiten überhaupt keine Rolle mehr spiele. Insbesondere die dramaturgische Sicherheit sowie die Modulations- und Artikulationsfähigkeit seien zu erlernen und förderungswürdig, so das Ergebnis meiner damaligen Experteninterviews.

Eine Könnerschaft des mündlichen Erzählens ließ sich auf dieser Basis in drei Kategorien unterscheiden:

1. Könnerschaft im Prozess der Werkentstehung
2. Könnerschaft in der Performanzsituation
3. Erfolgskritische Haltungen des Erzählkünstlers

Innerhalb der Performanzsituation ließen sich nochmals drei Kategorien identifizieren:

1. Sprech- und sprachorientierte Befunde
2. Darstellungsorientierte Befunde
3. Befunde zur Interaktionsleistung

| Kategorie | Unterordnung | Inhalt |
| --- | --- | --- |
| I. Könnerschaft<br>im Prozess der Werkentstehung | | • Dramaturgische Sicherheit<br>• Einheit von Erzähler und Erzählstoff |
| II. Könnerschaft<br>in der Performanzsituation | Sprech- und sprachorientierte Befunde | • Grundlegende stimm- und sprecherzieherische Fertigkeiten<br>• Sprachwahlsicherheit<br>• Rhetorische Fertigkeiten<br>• Suggestivkraft und Sinnenhaftigkeit |
| | Darstellungsorientierte Befunde | • Körperselbstverständlichkeit<br>• schauspielerische Fertigkeiten<br>• Raumverhalten |
| | Befunde zur Interaktions- und Beziehungsleistung | • Empathie- und Beziehungsfähigkeit<br>• Interaktionsfähigkeit und Gegenwärtigkeit |
| III. Erfolgskritische Haltungen<br>des Erzählkünstlers | | • Streben nach unbedingter Anschlussfähigkeit<br>• Stimmigkeit der erzählerischen Mittel<br>• Streben nach Echtheit als bühnenhafte Privatheit |

Tabelle 2
Überblick über definitorische Ausfächerungen des Begriffs »Könnerschaft«

## I. Könnerschaft im Prozess der Werkentstehung

### Dramaturgische Sicherheit

Ein guter Erzähler verfügt über eine gute Geschichte, lautet eine weit verbreitete Argumentation. Die Forderung nach der »guten« Geschichte, die zu erzählen sei, ist jedoch doppelbödig.

Vordergründig wird eine Geschichte als »gut« bewertet, wenn sie zum Publikum anschlussfähig ist und sie diesem gefällt. Die Gewährleistung von Anschlussfähigkeit der Erzählung ist beileibe keine bloße Fertigkeit. Sie sollte vielmehr eine unbedingte Grundhaltung des Erzählers sein. Ohne Zweifel sollte der Erzählkünstler jedoch zusätzlich über eine ausgeprägte dramaturgische Sicherheit verfügen und sein Publikum nicht mit logisch brüchigen oder langweiligen, da vorhersagbaren Geschichten traktieren, die konfliktlösungsschwach und nur von geringem Unterhaltungswert sind. Publikumsunabhängig sollte die »gute« Geschichte mithin zusätzlich gewisse Qualitätsmerkmale aufweisen.

Die Volkskundlerin Linda Dégh war davon überzeugt, dass der Erzähler über »Geschick beim Aufbau der Handlung« verfügen und Kunstgriffe beherrschen solle, »wie die Anwendung von Formeln, Anordnung von Episoden, Ausbau von Geschichten durch periodische Wiederholungen, Beschreibungen und Dialoge« (vgl. Dégh, 1984, S. 326ff.). Johannes Merkel, Spezialist für mündlich überlieferte Literatur sowie ein Sammler und Kenner besonders von Märchen aus dem Orient, rief im Rahmen eines Vortrages an der Akademie Remscheid schon im Jahr 2008 die anwesenden Erzählerinnen und Erzähler zu mehr Qualitätsbewusstsein und Autorenschaft auf. Er meinte: »Erzählt nicht Überlieferungen, sondern erzählt hochwertige Geschichten, die ihr selbst geschaffen oder die ihr selbst weiterentwickelt habt!«

Könnerschaft in Bezug auf *dramaturgischer Sicherheit* bedeutet:

> *Der Erzähler verfügt über qualitätsvolle Geschichten und ist entweder in der Lage, diese mit dramaturgischer Sicherheit neu zu schöpfen oder sich bei literarischen Vorlagen urteilsfähig zu zeigen, welche Geschichte aus dramaturgischer Sicht eine »gute« ist.*

## Einheit von Erzähler und Erzählstoff

Eine logische Folge der Forderung nach dramaturgischer Sicherheit, die in einer »guten« Geschichte zum Ausdruck kommt, ist der Blick auf das Verhältnis des Erzählers zu seinem Erzählstoff: Der Erzähler ist aufgefordert, seinen Stoff emotional und intellektuell zu bewältigen. In den von mir geführten Interviews mit Erzählern und Experten im Rahmen des damaligen Dissertationsprojekts hieß es: Der Erzähler und sein Erzählstoff sollten »eins« werden, und dies aus einem »Schöpfungsmoment« heraus, wie es der Salzburger Erzähler Christian Ploier meinte.

Die Professorin für Theaterpädagogik sowie Märchen- und Erzählforscherin, Kristin Wardetzky, äußerte, dass sich der Erzähler die Geschichte zu eigen machen müsse, und zwar so, dass das Publikum denke: »Das ist nur seine Geschichte, die kann gar kein anderer erzählen«.

Die Forderung nach Einheit zwischen Erzähler und Erzählstoff begründet sich bei den praktizierenden Erzählern mithin aus Erfahrung mit ihrem Publikum – und bei den Experten aus ihrer Vorstellung des Gegenteils: Einen Erzähler zu hören, der zwar kunstfertig eine Geschichte vorträgt, die dramaturgisch sauber gearbeitet ist, bei der aber ganz augenscheinlich der Erzähler wie auch die Geschichte austauschbar sind, wirke beliebig, ja seelenlos. Jörg Baesecke machte im Interview die Beziehung zwischen Erzähler und Erzählstoff anhand des norwegischen Volksmärchens »Zottelhaube« deutlich, als er fragte: »Kein Mensch bezweifelt, dass [...] die Zottelhaube eine gute Geschichte ist, aber warum erzählst du sie mir jetzt? Wo bist du in dieser Geschichte?« Er müsse nicht die fünfundzwanzigste Zottelhaube hören: »Das interessiert mich nicht« – außer er könne spüren, dass der Erzähler eine Verbindung zwischen eigenen Motivationen und Motiven des jeweiligen Erzählstoffes hergestellt hat.

Es genüge dem Publikum eben nicht, eine Geschichte allein kunstfertig erzählt zu bekommen. Eine Geschichte sei eben erst dann »gut« erzählt, wenn der Erzählkünstler und sein Stoff untrennbar miteinander verbunden seien.

Bereits der Hinweis auf andere Künste genügt, um dieses rezeptionsästhetische Phänomen zu begründen: Bei einem Musiker wünschen wir uns, dass er mit seinem Instrument verschmilzt, und glauben, unterscheiden zu können, ob er seine Etüden brav heruntergespielt habe oder ob er eins mit seinem Repertoire geworden sei. Bei einer Schauspielerin fragen wir nach dem Grad der Verschmelzung mit ihrer Figur. Die Tatsache, dass Schauspieler mitunter tatsächlich Schwierigkeiten haben, ihre Figuren von ihrem Privatleben zu trennen, übt auf viele von uns eine große Faszination aus.

Die emotionale und intellektuelle Stoffbewältigung ist eine stille Arbeit und sie ist vergleichbar mit dem Entstehungsprozess literarischer Werke, nur dass sie sich als einen Übersetzungsprozess von einer schriftlichen in eine mündliche Wirkungsästhetik darstellt. Dies ist insbesondere dann notwendig, wenn Erzählstoffe aus literarischen Vorlagen bearbeitet werden – und dies ist der Regelfall.

Erforderliche Einflussvariablen dafür sind die eigenen Fähigkeiten zur Imagination und zur Weltreflexion. Die glückliche Situation ist leider vorbei, in der für einen angehenden Erzähler »jedem Erzählen jahrelanges Hören« (Halbfas, 1985, S. 14) bei guten Erzählvorbildern vorausging. Auch lässt sich heutzutage schwerer als früher ein »Geschichtenbestand aus dem persönlichen Verhältnis zu einem Erzähler« (ebd.) sammeln. Mittlerweile gehört viel »bewusste Konzentration und methodische Einübung« (ebd.) zur Erlernung der Erzählkunst.

Doch lohnt die stille Arbeit: Aus der Auseinandersetzung und Anpassung des Erzählers mit seinem Erzählstoff entsteht schließlich die notwendige Glaubwürdigkeit gegenüber dem Publikum.

Könnerschaft bei der *Einheit von Erzähler und Erzählstoff* bedeutet:

> *Der Erzähler ist aus der Sicht des Publikums untrennbar mit seinem Erzählstoff verbunden. Dies gelingt durch die intellektuelle und emotionale Auseinandersetzung des Künstlers mit den gewählten Erzählstoffen.*

## II. Könnerschaft in der Performanzsituation

### Sprech- und sprachorientierte Befunde

#### *Grundlegende stimm- und sprecherzieherische Fertigkeiten*

Es mag überraschen, wenn es genügt, dass ein Erzähler eine belastbare, durchschnittlich modulations- und artikulationsfähige und ausreichend laute Stimme haben sollte – aber jede weitere Form von Stimmästhetik, die darüber hinausgeht, sogar kontraproduktiv sein könnte. Damit gehört der Erzähler zum einzigen Sprechberuf, der die intensive Stimmentwicklung des Sprechers aus verschiedenen Gründen nicht fordert. Was aber dann?

Die Argumentationen meiner Interviewpartner zu der Rolle und Bedeutung der Stimme für den Erzählkünstler waren unerwartet:

Landläufig würde man meinen, dass ausgeprägte stimm- und sprecherzieherische Fertigkeiten von sich aus zur Könnerschaft eines Erzählkünstlers gehören müssten. Diese Ansicht wurde indes relativiert: Im Mittelpunkt der Argumentation stand die Übereinstimmung der erzählerischen Mittel – und nicht deren Perfektion. So scheint eine durchschnittlich ausgebildete Stimme dem stimmlich sehr gut ausgebildeten Sprecher überlegen zu sein, wenn sie in Einklang mit der eigenen Berührtheit und der Aufnahmefähigkeit des Publikums zum Tragen kommt. Eine zu feine und raffinierte Stimmführung kann sogar der Anmutung der Echtheit des Erzählers widersprechen.

In der Bühnensituation soll der Erzähler daher eine »öffentliche Privatheit« pflegen. Und wer moduliert und akzentuiert schon privat derart geschliffen? Ganz im Gegenteil: Christian Ploier sah in einer Kopf- oder Fistelstimme kein Erfolgshindernis, solange andere Qualitätsmerkmale wie Wahrhaftigkeit und Beteiligtheit des Erzählers erkennbar seien. Der Erzählkünstler Klaus Adam befand ein leichtes Lispeln bei einem Erzähler sogar als förderungswürdig in dem Sinne, als dass es zum Markenzeichen avancieren könnte. Dito würde die Theaterpädagogin Kristin Wardetzky einen S-Fehler bei einem Erzähler sprecherzieherisch unbehelligt lassen.

Dennoch ist Stimmsicherheit notwendig und eine stimmbildende Vorbereitung für den Erzähler sinnvoll, damit seine Stimme im Rahmen ihrer Natürlichkeit beweglich und gefühlvoll bleibt und eine Verbindung zu den Bildern der Erzählung herzustellen vermag.

Könnerschaft bei *grundlegenden stimm- und sprecherzieherischen Fertigkeiten* des Erzählens bedeutet:

> *Der Erzähler hat eine belastbare, durchschnittlich modulations- und artikulationsfähige und ausreichend laute, dynamische Stimme. Jede Form von Stimmästhetik, die darüber hinausgeht, könnte im Sinne der Echtheit des Erzählers kontraproduktiv sein. Damit gehört der Erzählberuf zum einzigen Sprechberuf, der keine langjährige, intensive Stimmentwicklung erfordert.*

### *Sprachwahlsicherheit*

Die vom Erzähler zu verwendende Erzählsprache ist in Übereinstimmung mit dem Erzählstoff zu wählen: So einfach könnte eine weitere sprachliche Anforderung an den Erzählkünstler lauten. Die interviewte Erzählkünstlerin Maria Cetenich forderte, dass die Sprache trotz anzustrebender poetischer Dichte nicht zu »geschleckt«, also nicht zu gekünstelt sein dürfe. Sprachästhetische Eigenarten seien in einem situativen »Spiel mit der Sprache« zu akzeptieren. Die sich aus der öffentlichen Privatheit und einer nicht allzu »geschleckten« Sprache ergebene Kreativität im Sprachausdruck schaffe erst den Formenreichtum des Erzählens.

Dieser Ansatz findet sich bereits bei Christel Oehlmann, Autorin des erzähldidaktischen Übungsbuchs »Einfach Erzählen« aus dem Jahr 2007: Erzählsprache entstehe, so schreibt sie, aus einem träumenden Dialog zwischen den Bildern der erzählten Geschichte und uns selbst. Nur eine solche, aus dem Erzählfluss sich ergießende Sprache habe die Kraft, Menschen zu berühren.

Könnerschaft bei der *Sprachwahlsicherheit* des Erzählens bedeutet:

> *Der Erzähler spricht in einer Sprache, die dem Erzählstoff wie auch seinem Publikum gegenüber angemessen ist. Damit ist er seinem Publikum gegenüber anschlussfähig und erfüllt im Speziellen genrespezifische sprachästhetische und im Allgemeinen sprachmusikalische Anforderungen.*

### *Rhetorische Fertigkeiten und Suggestivkraft*

Durch den Einsatz grundlegender rhythmischer Möglichkeiten wie Pausengestaltung, Wiederholungen oder Hebungen wirkt die Erzählung geordnet und komponiert. Rhetorische Fertigkeiten wie Tempo oder Pointiertheit tragen zur Sprachmusikalität bei. Der Gebrauch von Metaphern, Personifikationen sowie weiteren Figuren und Ausdrucksformen verbildlichen abstrakte Sachverhalte wie Ideen und Gefühle.

Rhetorische Fertigkeiten dieser Art fördern die Suggestivkraft des Erzählens und lassen beim Publikum innere Bilder entstehen. Auch Kristin Wardetzky ging davon aus, dass Erzähler es spürten, wenn sie ihren Geschichten eine poetisch dichtere Sprache verleihen müssten, um »ihre Suggestionskraft erhalten«.

Eng damit verbunden ist die Fähigkeit, »sinnenhaft« zu sprechen. Christel Oehlmann (1995, S. 80ff.) beschrieb, wie es geht: Der Erzähler sollte sich insbesondere in der Expositionsphase der Geschichte bemühen, sprachlich alle fünf Sinne anzusprechen, also auditiv (Hörsinn), visuell (Sehsinn), kinästhetisch (Bewegungssinn), olfaktorisch (Geruchssinn) und gustatorisch (Geschmackssinn) zu sprechen. Damit ziehe man, so Oehlmann, den Zuhörer in seine Geschichte hinein.

Unter Erzählern existiert indes die Vorstellung, dass die erzählerische Suggestivkraft weniger vom Gebrauch dieser und anderer Sprechtechniken und -methoden als vielmehr von der verinnerlichten Imaginationskraft des Erzählers abhänge. In anderen Worten: Ob im Kopf des Zuhörers Bilder entstehen, hänge von den Bildern ab, die der Erzähler vor seinem inneren Auge während des Erzählens entstehen lasse. Der Erzählforscher Johannes Merkel hat in diesem Zusammenhang sogar einer kulturanthropologischen Studie über das Erzählen unter anderem in afrikanischen Kulturen den Titel »Sieh, damit wir sehen!« gegeben, dies in Anlehnung an die Beschreibung der Eröffnungsformel »See so that we may see« von Erzählern in Tansania.[4] »See so that we may see« ist die rituelle Aufforderung des Publikums an den Erzähler, seine inneren Bilder zu sehen und diese dann weiterzuerzählen, damit das Publikum die Geschichte ebenfalls »sehen« könne.

4 Johannes Merkel: Sieh, damit wir sehen! Eine Geschichte des Geschichtenerzählens. Der Erzählverlag, Berlin 2022

Die Vorstellung der Existenz einer imaginativen Wechselwirkung zwischen Erzähler und Publikum bedarf meines Erachtens weiterer Untersuchungen. Es ist nämlich fraglich, ob das »Hineinfesseln« des Zuhörers (Christian Ploier) tatsächlich ein aktiver und damit gestaltbarer Akt des Erzählers ist oder ob es nicht wahrscheinlicher ist, dass der Zuhörer in seiner Bereitschaft, einer Geschichte zu lauschen, sich selbst und aus eigener Kraft anhand einer gut erzählten Geschichte in sie »hineinfesselt«.

Könnerschaft bei *rhetorischen Fertigkeiten* und *Suggestivkraft* des Erzählens bedeutet:

> *Die Erzählung ist durch den Einsatz grundlegender rhythmischer Optionen kunstvoll geordnet und wirkt komponiert. In der Wahrnehmung des Zuhörers entstehen dank Suggestivkraft und Sinnenbetonung der Darstellung Bilder und Gefühle, die mit der Erzählsituation in Verbindung stehen.*

## Darstellungsorientierte Befunde

### *Körperselbstverständlichkeit und Figurenspiel*

Während des Erzählens ist der Einsatz des Körpers Ergebnis einer eigenen seelischen Bewegtheit des Erzählers – und nicht das Resultat eines geplanten schauspielerischen Handelns. Da der

Erzähler auf der Bühne wie oben gefordert privat agiert, spricht er nicht nur privat, sondern bewegt sich auch entsprechend.

Dies gilt indes nur für den Erzähler selbst, der ja auf der Bühne keine Figur darstellt. Genau genommen findet sich auf einer Erzählbühne aber der Erzähler zusammen mit seinen verschiedenen Figuren in wechselnden Perspektiven. Die nimmt er während seiner Erzählung ein. Einerseits erzählt er also episch aus einer gewissen Distanz, andererseits schlüpft er in verschiedene Charaktere und handelt, spricht oder denkt, so wie seine Figuren (vgl. Nagel, S. 44). Diese Figuren sind nicht identisch mit dem Erzähler, sie beschreiben vielmehr Rollen. Um sie ausfüllen zu können, bedarf es schauspielerischen Geschicks und choreografischer Vorbereitung.

Der Körperselbstverständlichkeit ist damit eine innere Spannung inhärent: Für den Erzähler gilt eine andere Forderung als für den Erzähler in seinen Figuren. Dieser ist streng genommen kein Erzähler mehr, sondern ein Schauspieler, selbst dann, wenn er nur für kurze Momente in die Figur hineinschlüpft und ihre Rede mit Gestik, Mimik und Körperlichkeit unterstreicht.

Ein Andeuten reicht aus, keine Figur sollte ausgespielt werden, wie die ehemalige Leiterin des Instituts für ostdeutsche Volkskunde an der Universität Freiburg, Waltraud Werner-Künzig, erläuterte. Sie hatte bereits 1966 in ihrem Aufsatz »Porträt eines ungarn-deutschen Märchenerzählers« das Verhältnis von Sprache und Körperlichkeit beschrieben und dabei zur Vorsicht gemahnt: »Seine körperliche Agilität [die des Erzählers, der Verf.] ist so dominierend, dass ihm die Ausdrucksbewegung schneller und leichter beifällt als das treffende Wort, ja, dass im dramatischen Moment der Erzählung die Wortsprache von der Bewegungssprache überspielt wird.« (Werner, 1966, S. 123f.)

Die Dominanz des Visuellen gegenüber dem Auditiven verwundert nicht, wenn wir uns den Anstieg der Erfahrungsintensität vom Konkreten zum Abstrakten in Erinnerung rufen, wie es in dem sogenannten »Kegel der Erfahrungen« nach Edgar Dale dargestellt wird. Demnach stellt das gesprochene Wort den höchsten Grad an Abstraktheit gegenüber der Wirklichkeit dar, da es allein »symbolisch«, also indirekt wirkt. Die visuelle Erfahrung kommt hingegen »bildhaft«, also direkt zur Wirkung. Sie nimmt aus diesem Grund einen geringeren Grad an Abstraktheit bei der Wirklichkeitsdarstellung ein. Der Grund dafür liegt in der Möglichkeit des Erzählers, einzelne Figuren der Geschichten zu inszenieren und sie somit für den Zuhörer anschaulicher und intensiver zu gestalten. Ein *Zuschauer* wird leichter als ein *Zuhörer* in das Geschehen »hineingefesselt«. Er kann das Gesehene leichter nacherleben als das Gehörte.[5]

So hatte die Volkskundlerin Julia Schmidt beobachtet, dass Erzähler »manchmal ganze Szenen regelrecht ausgespielt [haben]« (S. 89). Dabei ist der Begriff »ausspielen« Beleg für tatsächliches schauspielerisches Handeln. Als Vorteil des dramatischen Spiels für das Publikum führt Schmidt an: »Die Zuhörer hatten meistens den Tag über

5 Edgar Dale: Audio-visual methods in teaching. The Dryden Press, New York 1946

angestrengt und körperlich gearbeitet und waren abends müde. Hier kam ihnen dieses Erzählen mit Händen und Füßen, Gestik und Mienenspiel entgegen: Auf eine anschauliche Weise wurden ihnen die Märchen so lebendig geschildert, dass sie ihre Aufmerksamkeit nicht mehr zu sehr anstrengen mussten.« (Schmidt, 1982, S. 90)

Hier liegt auch eine Antwort begründet, warum es visuelle Medien wie Smartphones oder Fernseher in einer modernen Dienstleistungs- und Industriegesellschaft es ungleich leichter haben, Zuschauer für sich einzunehmen, als es Erzählkünstler vermögen. Während visuelle Medien Bilder von außen geben und die Zuschauer diese lediglich aufnehmen müssen, ruft die rein auf das gesprochene Wort begründete Erzählkunst Bilder in den Menschen hervor. Der Verarbeitung des Gehörten geht damit eine zu erbringende Leistung voraus: die Fantasietätigkeit. Während der *Zuschauer* ein Konsument der gegebenen Bilder ist, ist der *Zuhörer* ein Schöpfer derselben. Letzteres erfordert eine gewisse Anstrengung bei der Aufnahme, wirkt der Selbsttätigkeit wegen jedoch bei einer »gut« erzählten Geschichte eindringlicher.

Das Ausmaß des dramatischen Spiels während des freien Erzählens ist jedoch begrenzt. Auch das szenische Spiel unterliegt den Anforderungen der Übereinstimmung von Erzähler, Erzählstoff und Publikum. Insbesondere gilt es, den Erzähler in seiner bühnenhaften Privatheit von den zu verkörpernden Figuren, ihrer Sprache und ihrer Körperlichkeit zu trennen.

Der Erzähler selbst wirkt nur dann in seiner bühnenhaften Privatheit glaubhaft, wenn seine Bewegungen selbstverständlich und ungekünstelt sind, womit er Nähe zum Publikum entstehen lässt. Vor allem die Übergänge von der Privatheit des Erzählers in die Rollenanmutung einer Figur sind Teil der Könnerschaft des freien mündlichen Erzählens.

Die inhärente Spannung der Körperselbstverständlichkeit des Erzählers im Wechsel von Privatheit und Figurenspiel findet schließlich seine Auflösung in der »angedeuteten Gebärde«. So kann eine schlichte Handgeste wortlos einen imaginativen Vorstellungsraum öffnen. Der Erzähler kann zum Beispiel mit einem Daumen, den er in die Luft streckt, verschiedene Dinge repräsentieren: einen Däumling, das Gelingen einer Unternehmung oder auch die Zahl eins. Was er aber tatsächlich meint, weiß der Zuhörer erst, wenn die Geste durch Sprache flankiert beziehungsweise durch mimisches Spiel der Kontext der Geste geklärt ist. Die gestisch-mimische Ausdruckskraft des Erzählers ist in ihren freilassenden, den Abstraktionsgrad des gesprochenen Wortes ergänzenden Konkretionen somit eine Brücke zwischen der Körperselbstverständlichkeit des Erzählers und seinem szenischen Spiel – und damit das Mittel der Wahl.

Könnerschaft bei *Körperselbstverständlichkeit* und *Figurenspiel* des Erzählens bedeutet:

> *Der Erzähler wirkt glaubhaft in seiner bühnenhaften Privatheit. Seine Bewegungen wirken selbstverständlich und ungekünstelt,*

*womit er Nähe zum Publikum entstehen lässt. Inhalte und Protagonisten werden von ihm anschaulich inszeniert. Der Erzählende wechselt zwischen seiner privaten Erzählhaltung und der Ausformung dramatischer Figurenvermutungen hin und her und unterstreicht diese andeutend gestisch und mimisch.*

### *Bühnenpräsenz und Raumverhalten*

Bühnenpräsenz ist nicht allein das Ergebnis einer Übereinstimmung zwischen Erzähler, Erzählstoff und Publikum. Selbst seine individuelle Sprache, seine Körperlichkeit, Gestik und Mimik reichen nicht aus, um den Bühnenraum ausreichend mit eigener Präsenz auszufüllen. Dass ein Fokus auf die eigene Person entsteht, hängt vielmehr mit der Fertigkeit des Erzählkünstlers zusammen, Nähe und Distanz innerhalb des Bühnenraums abschätzen zu können.

Das dazugehörige Wissensgebiet nennt sich Proxemik [lat. *proximare* = sich nähern] und wurde von dem Anthropologen Edward T. Hall eingeführt. Es untersucht die Ausnutzung eines umrissenen Raums durch einzelne Interaktionspartner. Entsprechend wird das Raumverhalten eines Bühnenerzählers als Ausdruck einer nonverbalen Kommunikation mit dem Publikum angesehen.

Betrachtet der Erzähler die Bühne als seinen persönlichen Raum, dann fühlt er sich wohl und sicher, fremdelt nicht und scheut sich auch nicht, den gesamten Raum mit seiner Körperlichkeit einzunehmen, soweit es die Erzählung erfordert und Sinn verleiht.

Sogar zum Publikum hin werden Nähe und Distanz vom Erzähler justiert: Er kann sein Publikum ansprechen und auf seine Impulse reagieren, sequenziell ein Gespräch eröffnen oder zum Weitererzählen einladen. Denn dies ist neben der Privatheit des Erzählers ein weiterer Unterschied zum Schauspiel: Auf den Erzählbühnen besteht keine »vierte Wand«, der Raum ist nach vorne offen und daher zusätzlich bespielbar.

Obwohl es in dieser Bestimmtheit in den Interviews nur von den Betreibern eines Erzähltheaters, dem Münchener Künstlerpaar Jörg Baesecke und Hedwig Rost, benannt wurde – bei ihrer Forderung nach »Bühnentauglichkeit« –, so fanden sich auch in den anderen Interviews viele Hinweise für die Notwendigkeit, dass der Erzählkünstler Bühnenpräsenz aufbauen müsse – und ein proxemisches Verständnis dafür unabdingbar sei.

Könnerschaft bei *Bühnenpräsenz* und *Raumverhalten* des Erzählens bedeutet:

> *Der Erzähler versteht es, den vorgefundenen Bühnenraum nach allen Seiten hin hinsichtlich Nähe und Distanz einzunehmen, den räumlichen Fokus zu erkennen und ihn als seinen persönlichen Raum zu gestalten, in dem er sich als Erzähler sicher fühlt und in der Lage ist, auch mit dem Publikum zu interagieren.*

## Befunde zur Interaktions- und Beziehungsleistung

### *Empathie- und Beziehungsfähigkeit*

Erzählen ist eine »soziale Handlung« (Kvideland, 1990, S. 15) und in kaum einem künstlerisch orientierten Sprechberuf ist die Fähigkeit, mit seinem Publikum eine Beziehung einzugehen, von größerer Bedeutung als für einen Erzählkünstler. Dafür gilt es, das Publikum wahrzunehmen. Wie wird es zusammengesetzt sein? In welchem emotionalen Zustand befindet es sich? Inmitten des Erzählens sind die Mittel der Wahl das interaktive Aufgreifen von Publikumsregungen und das Einflechten von Gegenwartsbezügen. Sie sind die Mittel, die die Einmaligkeit der Erzählsituation betonen.

Die Märchenforscherin Linda Dégh sprach in diesem Zusammenhang von der Schaffung einer nicht wiederholbaren »einmaligen Erzählversion«. Und die US-amerikanische Erzählerin Harlynne Geisler meinte einmal, Voraussetzung dafür sei ein ausgeprägter »sense of caring about the audience and their needs«. Das Publikum sei »keineswegs unbeteiligt am Zustandekommen der Erzählung«, so auch Dieter Flader und Bettina Hurrelmann in ihrer Studie »Erzählen im Klassenzimmer« (1984, S. 224).

Möchte der Erzähler Gestalter dieser Beziehung sein, bedarf er die Fähigkeit zur Empathie. Damit ist seine Möglichkeit gemeint, die emotionalen Bedürfnisse und Signale einer Gruppe von Menschen zu erkennen und darauf zielgerichtet zu reagieren, ja sie beeinflussen zu können.

Diese soziale Interaktion lässt sich mit dem Konzept des »symbolischen Interaktionismus« des US-amerikanischen Sozialwissenschaftlers und Sozialphilosophen George Herbert Mead (1863-1931) veranschaulichen: Sein Konzept betont die Bedeutung von Sprache, Gesten, Rollen und sozialen Normen bei der Gestaltung sozialer Beziehungen und der persönlichen Identität, hier: die des Erzählers. Folgt man Mead, so entsteht das Selbstverständnis des Erzählers durch die Wechselwirkung mit seinem Publikum und der Interpretation seiner Aktionen und Reaktionen während des Erzählens (Mead, 1978, S. 187ff.). Damit der Erzähler die sich daraus ergebende Beziehung zum Publikum jedoch virtuos gestalten kann, bedarf es der Fähigkeit, eine Fremdperspektive einzunehmen sowie sich selbst aus der Perspektive seines Publikums zu betrachten. Beides, Empathie- und Beziehungsfähigkeit sind mithin Ausdruck der emotionalen Intelligenz des Erzählers. (vgl. Mayer, Caruso, Salovey, 2000, S. 332ff.)

Könnerschaft bei der Anwendung von *Empathie-* und *Beziehungsfähigkeit des Erzählens* bedeutet:

> *Die Erzählsituation ist geprägt von einer für die Bedürfnisse des Publikums sorgenden Atmosphäre. Der Erzähler hat durch seine Nähe zum Publikum den Steuer-Regel-Mechanismus zwischen Erzähler und Publikum in Gang gesetzt, womit beide, Erzähler und Publikum, Gestalter der Erzählsituation sind.*

### *Interaktionsfähigkeit und Gegenwärtigkeit*

Die Forderung nach Interaktionsfähigkeit und Gegenwärtigkeit scheint eng mit der Forderung nach einer ausgeprägten Empathie- und Beziehungsfähigkeit und dem freien Sprachmodus des Erzählens verbunden zu sein. Denn ein spielerischer Umgang mit dem Publikum, mit seinen Äußerungen und Regungen verlangt nach empathischer Beobachtungsgabe sowie nach einem flexiblen, anpassbaren Sprechmodus und darüber hinaus nach dem Verständnis, dass der Erzähler in der Performanzsituation, wie es der Erzähler Klaus Adam benannte, »elementar und grundsätzlich« auf sein Publikum angewiesen sei und intuitiv darauf eingehen müsse.

Interaktionsfähigkeit scheint aber auch ein eigenständiges Lernfeld zu sein, denn es kann als aktiv geplante Handlung auftreten und zu einem bestimmten Grad vorausgedacht werden: So könnte sich ein Erzähler bereits in der Geschichtenentwicklung fragen, an welchen Stellen er mit dem Publikum interagieren möchte. Das Wissen und das Sich-Einlassen auf einen Steuer-Regel-Mechanismus mit dem Publikum ist mithin Grundlage für Gegenwärtigkeit.

Der Salzburger Erzähler Christian Ploier beschrieb ihr Herbeiführen mit den Worten: »Jetzt passiert etwas ganz Wunderbares!« Es geschehe, wenn wir, der Erzähler und sein Publikum, »es geschehen lassen«. Die Bereitschaft des gegenwärtigen Geschehenlassens ist, so sagte es bereits der Naturwissenschaftler und Philosoph Michael

Polanyi (1891–1976), ein besonderes Element des Kennerblicks und der Kunstfertigkeit.

Könnerschaft bei der Anwendung von *Interaktionsfähigkeit* und *Gegenwärtigkeit* des Erzählens bedeutet:

> *Das Publikum nimmt die Erzählsituation als ein einzigartiges, nicht beliebig wiederholbares Erlebnis wahr. Dies liegt zum einen daran, dass es eine direkte Ansprache durch den Erzähler erfährt, und zum anderen daran, dass der Erzähler Interaktionen mit dem Publikum anregt und in seiner Geistesgegenwart aufnimmt.*

## Erfolgskritische Haltungen des Erzählkünstlers

### *Streben nach unbedingter Anschlussfähigkeit*

Das Streben nach Anschlussfähigkeit ist der Schlüssel zum Aufbau gelingender Erzählsituationen – diese Aussage wurzelt in einer Kommunikationstheorie, die einer gelingenden sprachlichen Interaktion das »Herstellen einer gemeinsamen Welt« voranstellt (Ehlich, 1983, S. 139). Denn Erzähler und Zuhörer haben anfänglich nicht dieselbe Ausgangslage, »die Erzählung kommt also [...] durch ein Informationsdefizit des Kommunikationspartners [zustande] – das ist eine der klassischen Voraussetzungen für das Erzählen in Alltagssituationen« (Gülich, 1980, S. 338). Demnach gilt es für den Erzählkünstler wie für den Kommunizierenden in der Alltagssituation, eine gemeinsame sprachliche und emotionale Verständnisebene zu finden – eine Brücke, auf deren Weg sprachliche Interaktion geschehen kann.

Die Erzählkunst ist den Zuhörenden verpflichtet, wie zahlreiche Aussage der interviewten Erzählkünstler und Experten belegen. So forderte der Erzähler Klaus Adam im Rahmen meiner Interviews »unbedingte Anschlussfähigkeit von Anfang an«. Sein Argument: Wenn bereits der Konflikt innerhalb der erzählten Geschichte für das Publikum nicht nachvollziehbar oder logisch brüchig sei, könne seine Auflösung nur langweilig werden.

Auch der Erzählkünstler Jörg Baesecke sagte: »Wir [die Erzähler] behaupten ja, dass wir als Erzähler den Blick ins Publikum haben und sagen, oh, das kommt gut, das baue ich aus, beim Vortrag, beim Erzählen – und das kennen die [das Publikum] schon, da sause ich schnell durch.«

Und der Erzähldidaktiker und emeritierte Professor für Didaktik der deutschen Sprache und Literatur, Valentin Merkelbach, verlangte von einem Erzähler, »auch die Lücken so zu füllen, wie sie im Augenblick gefüllt werden müssen, weil ein bestimmtes Publikum da ist«. Rainer Wehse argumentierte in seinem Band »Märchenerzähler, Erzählgemeinschaft« ähnlich, indem er schrieb, dass ein Erzähler ohne Weiteres ein- und denselben Schwank nachmittags für Kinder und abends für Erwachsene erzählen könne, soweit er inhaltliche, sprachliche und gestische Anpassungen vornähme.

Könnerschaft beim Streben nach *unbedingter Anschlussfähigkeit* des Erzählens bedeutet:

> *Der Erzähler hat ein Empfinden für die Aufnahmefähigkeit des Publikums. Er stellt sich empathisch auf das Publikum und auf seine Hörbedürfnisse ein und verfügt über eine anschlussfähige Geschichte.*

### *Streben nach Stimmigkeit der erzählerischen Mittel*

Der Erzähler, der gekonnt eine »gute« Geschichte zu erzählen weiß, verfügt über ein ausgeprägtes Gespür für die stimmige Abfolge der von ihm eingesetzten Mittel. Dabei reicht es nicht aus, lediglich eine Balance zwischen den grundlegenden stimm- und sprecherzieherischen Fertigkeiten, der Körperselbstverständlichkeit oder einer Empathiefähigkeit herzustellen, um nur drei der notwendigen Mittel im Rahmen von »Könnerschaft« in Erinnerung zu rufen. Es entstehen dabei nämlich auch Abstufungen. Bereits diskutiert wurde beispielsweise der darstellerische Anteil der Performance gegenüber dem Erzählstoff. So sollte ein gekonnter Erzähler nicht der Versuchung unterliegen, die Schwächen des Erzählstoffs durch schauspielerische Dramatik zu kaschieren. Marlis Oberbeil, eine der Erzählerinnen der Gruppendiskussion, forderte, dass der Erzähler die Fähigkeit brauche, »von sich selbst zu abstrahieren«. Weiter sagte sie: »Das ist für mich eine ganz wichtige Voraussetzung, dieses Sich-selbst-nicht-mehr-wichtig-Nehmen, sondern das Gegenüber wichtig nehmen, denn nur dann kann ich mich auf das Gegenüber einlassen und nur dann kann ich so erzählen, dass es den anderen berührt.«

Der Begriff »Selbstvergessenheit« beschreibt am besten das Zurückstellen des eigenen Egos im Interesse des »Erblühen-Lassens« des Erzählstoffes. Kristin Wardetzky umschrieb den Begriff so, dass der Erzähler »sich selbst gibt und gleichzeitig vergisst«.

Des Weiteren wurde unter den Erzählkünstlern und Experten argumentiert, dass der Erzähler Stimmigkeit von Sprache und Erzählstoff herzustellen habe, sowie nach Stimmigkeit zwischen den Bühnenverhältnissen und der Größe der eigenen Bewegungen suchen sollte. Die Stimmigkeit von Person, Geschichte und Performanz habe die Kraft, Defizite in anderen Einzelfertigkeiten zu kompensieren.

Könnerschaft beim Streben nach *Stimmigkeit der erzählerischen Mittel* bedeutet:

> *Der Erzähler vertraut der Wirkkraft seiner Geschichte und tritt selbstvergessen hinter der erzählten Geschichte zurück. Er hat ein Empfinden für das Verhältnis von Wirkerwartungen des Erzählstoffes und jenen des Erzählvorgangs und fühlt sich nicht als Schauspieler. Im Übrigen stimmt seine Körpersprache mit dem gesprochenen Text überein.*

### *Streben nach Echtheit als bühnenhafte Privatheit*

In Fortsetzung der beiden vorherigen Forderungen bedeutet »Könnerschaft« weiterhin, in der Performanzsituation dem Anspruch nach Echtheit nachzukommen. Während der Erzähler das innere Band zu seinem Erzählstoff als einen stillen und mitunter einsamen Akt gestaltet, so gilt es während des Erzählens, dieses innere Band dem Publikum erlebbar werden zu lassen und Masken abzustreifen, kurz: bühnenhaft privat zu sein.

Klaus Adam sah einem Erzähler wenig Karrierechancen voraus, der dies nicht könne: »Wenn er [der Erzähler] nicht bereit ist, sich selbst preiszugeben – so verletzlich bin ich, so unvollständig bin ich – hat er keine Chance [beim Publikum].«

Für den Salzburger Erzähler Christian Ploier wäre es bereits in der Ausbildung wichtig zu verstehen, dass Gestik nicht gelernt werden dürfe, sondern natürlich »aus ihm herauskommt«.

Rainer Wehse sah im intensiven Training von Geschichten sogar die »Gefahr, dass es angelernt wirkt [...], ich kenne das aus den Märchenerzählschulen [...], und das wirkt einstudiert und nicht natürlich. Dann ist es meiner Meinung nach eher kontraproduktiv.«

Könnerschaft beim Streben nach Echtheit als bühnenhafte Privatheit bedeutet:

> *Der Erzähler entwickelt eine eigene Verbindung zu seinem Erzählstoff, die in der gesamten Erzählsituation hindurch dem Pu-*

*blikum sichtbar wird. Innere Vorgänge werden nach außen authentisch dargestellt. Originalität ist nicht nur erlaubt, sondern gefordert. Auf einer zweiten Verstehensebene ist der Erzähler in der Lage, diese seine Originalität zu reflektieren und zu kommunizieren.*

Hän
süße
HAUSM

*»Man unterscheide leichte, freie mittheilung im gespräch von dem bedachten, feierlichen vortrage, wiewohl beide ineinander laufen.«*
Jacob Grimm, 1841, Deutsches Wörterbuch III

*Kapitel 4*

# Könnerschaft auf unterschiedlichen Niveaustufen

Jeder Mensch kommt mit einer einzigartigen Kombination von Begabungen und Talenten auf die Welt. Diese individuellen Fähigkeiten prägen unseren Lernprozess und unsere künstlerische Entwicklung auf dem Weg zur Könnerschaft des freien mündlichen Erzählens. Die Vielfalt an Begabungen ist ein wesentlicher Bestandteil dessen, was uns als Menschen ausmacht.

Ebenso unterschiedlich wie unsere Begabungen sind auch unsere Lernstile. Einige Menschen lernen am besten durch visuelle Reize, andere bevorzugen das auditive Lernen, bei dem sie Informationen durch Zuhören aufnehmen. Wieder andere sind kinästhetische Lerner, die durch praktische Erfahrungen und Bewegung am meisten profitieren. Die verschiedenen Lerntypen haben zufolge, dass es auch im Modell der Könnerschaft für das freie mündliche Erzählen keinen einheitlichen Entwicklungsansatz gibt, der für alle gleichermaßen wirksam ist. Denn so wie das Erzählen einer »guten« Ge-

Illustration (S. 80) von Sonja Wimmer zu einer humorvollen Geschichte von Norbert Kober, inspiriert von einem alten indischen Märchen.

Der liebe Herrgott, oder die Hergöttin, hat den ›Mann‹ erschaffen, merkt jedoch bald, dass er sehr unvollständig ist. Auf der Suche nach den besten Zutaten, um eine ›Frau‹ für ihn zu erschaffen, begibt er sich auf die Erde und sammelt dort alles, was er finden kann. Diese ›beste Frau‹ schenkt er dem Mann, der sie mit großer Freude aufnimmt.

schichte personengebunden ist, so ist auch der Erwerb dieser Könnerschaft stark von Person zu Person unterschiedlich.

Während einige Erzähler schnell neue Konzepte verstehen und anwenden können, benötigen andere mehr Zeit und Übung, um dieselben Anforderungen zu meistern. Unterschiedlichen Motivationsquellen beeinflussen, wie und warum wir welche Fortschritte auf dem Weg zur Könnerschaft machen. Nicht zuletzt bestimmen die späteren professionellen Anwendungsgebiete des Erzählens – Bühnenerzählen, pädagogisches oder heilsames Erzählen – den Wunsch des Erzählers, ein bestimmtes Niveau auf dem Weg zur Könnerschaft zu erreichen.

Indem wir in der Erzählerausbildung diese Unterschiede anerkennen und wertschätzen, können wir Niveaustufen schaffen, die individuell angepasst sind und jedem Einzelnen die Möglichkeit geben, sein volles Potenzial zu entfalten. Der Schlüssel liegt darin, ein flexibles Modell der Könnerschaft anzubieten, das den unterschiedlichen Bedürfnissen und Fähigkeiten gerecht wird.

Das 5-Stufenmodell von Dreyfus und Dreyfus war mir bei der Erstellung meiner Dissertation und der Entwicklung des vorliegenden Modells der Könnerschaft künstlerischen Erzählens ein sinnvolles Schema. Es wurde ursprünglich für die Pilotenausbildung und den Umgang mit Krisensituationen entwickelt. Erst später, um Fragen zur Entwicklung von künstlicher Intelligenz zu klären, wurde es zu einer Phänomenologie des Fertigkeitserwerbs ausgebaut. Wissen und

Können sollen demnach helfen, unstrukturierte Situationen zu bewältigen – etwas, was dem Bühnenerzähler zu Genüge vertraut ist.

Das Schema beschreibt fünf Stufen des Könnens: Novize, fortgeschrittener Anfänger, kompetent, gewandt und Experte.

Ein Novize folgt strikt Regeln, während ein Experte intuitiv und holistisch agiert, indem er Situationen als Ganzes erfasst und auf Merkmale reagiert, die ihm bekannte Muster zeigen. Experten handeln laut Dreyfus und Dreyfus kontextangepasst und nicht regelgeleitet, was bedeutet, dass sie ihre Denkprozesse weitgehend unbewusst und implizit vollziehen. Damit reichen die Niveaustufen von einem expliziten Regelwissen (»Know-that«) bis zu einem impliziten Erfahrungswissen (»Know-how«) (Dreyfus & Dreyfus, 1988, S. 41).

Könner handeln also intuitiv aus einem situativen und holistischen Verständnis heraus, das auf Erfahrungen basiert und schwer artikulierbar ist, was auch in meinen Gesprächen mit erfahrenen Erzählern und Experten deutlich wurde, wenn sie mit Worten rangen, um ihren inneren Prozessen vor und während des Erzählens auf der Bühne Ausdruck zu verleihen.

Das Schema der Brüder Dreyfus – Hubert, ein Philosoph, und Stuart, ein Mathematiker, – betont erstens, dass Wissen nicht angeboren ist, sondern durch Lernen und Üben erworben wird. Es gibt zweitens keine plötzliche Transformation vom Wissen zum Können, sondern einen schrittweisen Prozess, der auch Rückschläge beinhalten kann. Menschen können zudem in verschiedenen Bereichen unterschiedliche Könnensstufen erreichen, und nicht jeder erreicht das Expertenniveau in allen Bereichen.

Das Dreyfus-Schema erklärt sehr gut die Dynamik der Entwicklung und Formung von Können und leistet für die Frage nach dem Beschreiben von Können in unterschiedlichen Niveaustufen gute Dienste. Es gibt dem angehenden und fortgeschrittenen Erzähler einen »Fahrplan« zur eigenen erzählerischen Entwicklung, da er von dem Schema ablesen kann, welchen Fertigkeiten er sich in welchem Stadium seiner Entwicklung zuwenden sollte.

## Der fortgeschrittene Anfänger

Im Rahmen meiner Interviews habe ich meine Gesprächspartner regelmäßig nach dem Aufbau eines möglichen Lehrplans für die Erzählerausbildung gefragt. In allen Gesprächen argumentierten die Erzähler und Experten ähnlich: Anfangs sollten sich die Auszubildenden mit Erzählstoffen auseinandersetzen, deren »Tiefendimensionen ausloten« (Kruse), Textanalysen betreiben (Ploier und Wehse), »dramaturgische Gespräche« führen (Adam), »Geschichten ›kennen‹ und ›Geschichten‹ kennen« (Baesecke und Rost) und, so Wardetzky im Imperativ: »Beschäftigt euch mit den Texten ganz intensiv!«. Bald darauf sollten sie jedoch selbst erzählen – erstmals vor einem Mentor, dann schon vor kleinem Publikum.

| | Der fortgeschrittene Anfänger | Der Kompetente | Der Gewandte | Der Experte |
|---|---|---|---|---|
| **Könnerschaft im Prozess der Werkentstehung** | | dramaturgische Sicherheit | | Einheit von Erzähler und Erzählstoff |
| **Könnerschaft in der Perfomanzsituation** | | | | |
| sprech- und sprachorientierte Befunde | grundlegende stimm- und sprechorientierte Fähigkeiten<br>Sprachwahlsicherheit I (Kongruenz von Stoff und Publikum) | rhetorische Fähigkeiten<br>Suggestivkraft I (Sinnenhaftigkeit) | | Sprachwahlsicherheit II<br>Suggestivkraft II (poetische Dichte) |
| darstellungsorientierte Befunde | Körperselbstverständlichkeit | Bühnenpräsenz und Raumverhalten | Figurenspiel | |
| Befunde zur Interaktions- und Beziehungsfähigkeit | | Empathie- und Beziehungsfähigkeit | Interaktionsfähigkeit; Gegenwärtigkeit | |
| **erfolgskritische Haltung** | Streben nach unbedingter Anschlussfähigkeit | | | Streben nach Echtheit als bühnenhafte Privatheit |

Tabelle 3
Überblick über die verschiedenen Niveaustufen im Konzept der »Könnerschaft«

Der fortgeschrittene Anfänger sollte daher, und dies sieht auch das Stufenmodell von Dreyfus und Dreyfus vor, erste praktische Erfahrung darin gesammelt haben, wie er realen Aufgaben bewältigt. Dazu benötigt er neben einer anschlussfähigen Geschichte Ausdrucksinstrumente – allen voran eine Stimme, eine Sprache und einen Körper, womit bereits die Fertigkeiten benennbar sind, die für den fortgeschrittenen Anfänger von Bedeutung sind.

### *Grundlegende stimm- und sprecherzieherische Fertigkeiten*

Es ist selbstverständlich, dass ein angehender Erzähler grundlegende stimm- und sprecherzieherische Fertigkeiten entwickeln sollte. Zu berücksichtigen ist jedoch, dass in den weiteren Stadien *nicht* diese Forderung erhoben wird. Der Erzählkünstler bedarf, und ich habe dies bereits im vorangegangenen Teil hergeleitet, lediglich *grundlegender* stimm- und sprecherzieherischer Fertigkeiten – eine Professionalisierung dieser Fertigkeiten könnte sich kontraproduktiv auf den Beziehungsaufbau mit dem Publikum auswirken, da sie die Anmutung der Echtheit als bühnenhafte Privatheit untergraben könnten und auch Dialektfärbungen, die die Echtheit stützen, eliminieren würden.

## *Sprachwahlsicherheit*

Die Forderung nach Sprachwahlsicherheit hat mehrere Dimensionen: Zum einen gilt es, sprachlich an das jeweilige Publikum und zum anderen an den gewählten Erzählstoff anschlussfähig zu sein. Des Weiteren wird vom Erzähler poetische Dichte beziehungsweise Sprachästhetik erwartet. Dem fortgeschrittenen Anfänger ist nur die Erfüllung der ersten beiden Dimensionen – Sicherheit bezüglich der Sprachwahl gegenüber Publikum und Stoff – zuzumuten, weswegen ich in meinem Modell die Fertigkeit Sprachwahlsicherheit nochmals in I und II abstufe.

Sprachwahlsicherheit I beschreibt die Fertigkeit, die zu wählende Sprache dem jeweiligen Erzählstoff und dem jeweiligen Publikum anzupassen. Weitere sprachästhetische Forderungen, wie zum Beispiel eine Suggestivkraft durch poetisch dichte Sprache, werden erst vom Könner beziehungsweise vom Experten einzufordern sein und werden weiter unten als Sprachwahlsicherheit II und Suggestivkraft II vorgestellt.

Anja Koch erzählt »Wenn der Wahnsinn zu einer Party einlädt« als Beispiel für Sprachwahlsicherheit.

## *Streben nach unbedingter Anschlussfähigkeit*

Mit der Forderung nach Sprachwahlsicherheit geht die Einführung einer erfolgskritischen Haltung einher, der sich der fortgeschrittene Anfänger bewusst sein muss: dem grundsätzlichen Streben nach Anschlussfähigkeit. Der fortgeschrittene Anfänger generiert sein Handeln nicht mehr allein aus expliziten beziehungsweise kontextfreien Regeln und Merkmalen, sondern er integriert bereits Richtlinien. Die Anwendung von Richtlinien ist jedoch nur möglich, wenn der Lernende die in den Richtlinien benannten Aspekte tatsächlich auch wahrzunehmen vermag. Ein knapp skizziertes Beispiel soll dies verdeutlichen: Der Mentor hat mit den Auszubildenden im Stadium des fortgeschrittenen Anfängers bereits über die Bedeutung des Steuer-Regel-Mechanismus in Bezug auf das Publikum gesprochen. Die Auszubildenden könnten diesen Zusammenhang auch als erfolgskritisch erkannt haben. Möglicherweise sind sie in einer Auftrittsituation aber trotzdem nicht in der Lage, sich auf einen Steuer-Regel-Mechanismus mit dem Publikum einzulassen, da sie mit der bloßen sprachlichen Produktion ihrer Geschichten bereits alle Kapazitäten verbraucht haben. Oder sie haben die Signale des Publikums mangels entwickelter Empathiefähigkeit noch nicht decodieren können. Dennoch sollte die Forderung erhoben bleiben, dass der Erzähler im Stadium des fortgeschrittenen Anfängers bereits dem Streben nach unbedingter Anschlussfähigkeit folgt, eingedenk der Tatsache, dass es ihm vermutlich nicht in allen Dimensionen gelingen wird.

Die früh geforderte Sensibilisierung für das Streben nach unbedingter Anschlussfähigkeit könnte sicherstellen, dass sich das Selbstverständnis des angehenden Erzählers nicht versehentlich, da unbetreut, in die Richtung »Schauspielerei mit der vierten Wand« entwickelt – eine Haltung, in der die Anschlussfähigkeit den Performanzsehnsüchten des Erzählers zum Opfer fallen würde.

### *Körperselbstverständlichkeit*

Es klingt paradox, dass die Natürlichkeit im körperlichen Ausdruck, einschließlich Gestik und Mimik, ein weiteres Lernfeld ist, da doch die Natürlichkeit während des Erzählens etwas Selbstverständliches ist. Das Gegenteil von Natürlichkeit ist jedoch Künstlichkeit. Mit »Künstlichkeit« belege ich jene Künste, die zum Beispiel als Tanz, Schauspiel oder anderes unterrichtet werden und zu einem künstlerischen Ausdruck führen, der, in Vollendung, wiederum eine natürliche Anmutung erhält. Allerdings, und dies haben meine Interviewpartner mit Nachdruck beschrieben, geht es nicht um einen wie auch immer gearteten natürlich anmutenden Ausdruck, sondern darum, es zuzulassen, dass sich die Ergriffenheit und Emotionalität des Erzählers eines körperlichen Ausdrucks bedient. Darin liegt ein kleiner, aber feiner Unterschied: Der Erzähler spielt nicht natürlich, sondern er ist natürlich. Er lässt seinem Körper Raum, um mit ihm die Geschichte zu erzählen. »Körperselbstverständlichkeit« beschreibt das Zulassen dieses Raumes. Das Gegenteil wäre, den Körperausdruck bis zur Ausbildung schauspielerischer Fertigkeiten zu choreografieren. Auch letztere sind von Bedeutung, aber nicht in diesem Stadium, sondern erst im Stadium des Könners, des gewandt Handelnden,

Simone Stegmann erzählt »Agentur für besondere Fälle« als Beispiel für Körperselbstverständlichkeit und Figurenspiel.

also dem, der zwischen dem künstlichen dramatischen Spiel und der natürlichen privaten Erzählhaltung hin und her gleiten kann.

Den Grund, warum bereits der fortgeschrittene Anfänger sich mit Körperselbstverständlichkeit beschäftigen sollte, möchte ich aus eigener Beobachtung heraus zu erklären versuchen: Der Anfänger in der Bühnenarbeit sucht regelmäßig nach Rollenvermutungen, die ihm Schutz und Ordnung bieten. Es ist wesentlich leichter, eine Bühne in der Figur eines König Lear zu betreten, denn als Privatperson. Die Flucht aus der Privatheit in die Figur ist eine Erfahrung, welche Improvisationstheaterlehrer regelmäßig bei Anfängern beobachten (vgl. Johnstone, 2006, S. 223ff.) – diese Flucht schwächt allerdings das Improspiel und analog dazu: den erzählkünstlerischen Ausdruck. Die Könnerschaft der mündlichen Erzählkunst verlangt vielmehr das Strebens nach Echtheit als bühnenhafte Privatheit.

## Der Kompetente

Im Kompetenzstadium beginnt der Lernende, sich selbst Ziele zu setzen, Handlungsalternativen bewusst abzuwägen und auszuwählen, dieselben in Pläne zu überführen und im engeren Sinn des Wortes »selbstständig« zu denken (vgl. Neuweg, 2001, S. 306). Der Kompetente legt also ein analytisches Vorgehen an den Tag, welches im Idealfall von emotionaler Verbundenheit mit seinem Handeln und Verantwortungsgefühl für dasselbe begleitet wird (vgl.

Dreyfus & Dreyfus, 1984, zitiert nach Neuweg, 2001, S. 307). Für den Auszubildenden der Erzählkunst ist auf der Stufe der Kompetenz der Punkt gekommen, in dem er Verantwortung für sein Tun und für seine Erzählstoffe übernimmt – einem Autorenprinzip folgend. Der im Sinne von Dreyfus und Dreyfus kompetente Erzähler zeigt Fertigkeiten und Haltungen, die im Folgenden beschrieben werden.

### *Dramaturgische Sicherheit*

Dramaturgische Sicherheit versetzt den kompetenten Erzähler in die Lage, qualitativ hochwertige Geschichtenstoffe zu entwickeln bzw. weiterzuentwickeln. Die Beherrschung dieser Fertigkeit kann von fortgeschrittenen Anfängern, die erst erlernen, bedeutungsvolle Elemente zu erkennen und richtig einzuschätzen sowie situative Elemente zu integrieren, noch nicht erwartet werden. Durch die Interviews mit erfahrenen Erzählerinnen und Erzählern sowie mit Experten der Erzählkunst wurde deutlich, dass dramaturgische Sicherheit eine unabdingbare Fertigkeit ist, die dem »guten Erzähler« (Klaus Adam) zugesprochen werden sollte.

Ein Mangel an dramaturgischer Sicherheit kann nicht durch andere Fertigkeiten und Haltungen kompensiert werden. Der »gute« Erzähler ist im Modell von Dreyfus und Dreyfus zwischen »Kompetenter« und »Experte« anzusiedeln. Dennoch soll sich, so die Argumen-

In diesem Erzählbeispiel für dramaturgische Sicherheit von Norbert Kober – eine Gutenacht-Geschichte – sind vier einzelne Erzählungen zu einer Geschichte verwoben.

tation, bereits der »fortgeschrittene Anfänger« mit dieser Forderung auseinandersetzen.

Mithilfe dramaturgischer Sicherheit übernimmt der kompetente Erzähler Verantwortung für die Auswahl seine Erzählstoffe. Der Kompetente fühlt sich, nachdem er sich zu seinem Plan durchgerungen hat, für diesen Plan verantwortlich und mit seinen Handlungen und den daraus erwachsenden Konsequenzen verbunden (vgl. Dreyfus und Dreyfus, 1988, S. 50).

### *Empathiefähigkeit und Beziehungsfähigkeit*

Das sich nunmehr entwickelnde Verantwortungsgefühl des kompetenten Erzählers bezieht sich nicht nur auf die Auswahl der Erzählstoffe, sondern auch auf das Gelingen der gesamten Erzählsituation. Er selbst sollte in diesem Stadium in der Lage sein, die Erzählsituation zu planen und Entscheidungen zu fällen. Unweigerlich wird er dazu aufgefordert werden, sein Publikum einschätzen zu lernen, um dessen Bedürfnisse empathisch zu erkennen und darauf einzugehen.

Anja Koch erzählt »Zafusa der Zauberer« als Beispiel für Figurenspiel und Raumverhalten.

### *Rhetorische Fertigkeiten, Suggestivkraft durch Sinnenhaftigkeit und Raumverhalten*

Selbst wenn der Lernende in diesem Stadium noch nicht in der Lage ist, das Wesentliche einer Situation spontan zu erkennen und in

Handlungen auszuführen, sollte er befähigt sein, aufgrund eigener Entscheidungen rhetorische Fertigkeiten, Suggestivkraft durch Sinnenhaftigkeit und Raumverhalten zu entwickeln. Pointiertes Sprechen, Pausengestaltung und Rhythmisierung eines Stoffes sind Inhalte, die analytisch vorgedacht und geplant werden – und damit dem Kompetenten zumutbar, ja wesensnah sind. Das Gleiche gilt für die sinnenhafte Aufladung des Erzählstoffes mit dem Ziel, das Publikum in die Geschichten suggestiv »hinein[zu]fesseln«, wie es der Erzähler Christian Ploier ausdrückte.[6]

Darüber hinaus ist das Körperselbstverständnis im Stadium des Kompetenten um ein räumliches Verständnis der Bühnengeografie zu erweitern. Diese Fertigkeit beruht auf der Anwendung von Regelwissen und eigenem analytischem Denken. Ein proxemisches Raumverhalten ist zum Aufbau von Präsenz unabdingbar.

### *Streben nach Kongruenz*

Um sicherzustellen, dass die bereits genannten Fertigkeiten nicht den Fäden eines Flickenteppichs gleich unverbunden nebeneinanderstehen, gilt es, eine weitere erfolgskritische Haltung an den Tag zu legen: das Streben nach Kongruenz.

Das Herantreten an die Erzählsituation mit der Absicht, die einzelnen Fertigkeiten kongruent ineinander zu verflechten, sichert die Integration der einzelnen Fertigkeiten zu einer in sich geschlossenen

[6] Die Suggestivkraft hat eine zweite Dimension: die der poetischen Dichte.
Auf diese gehe ich in der Beschreibung des »Experten« ein.

Erzählsituation. Dreyfus und Dreyfus sehen in der Fähigkeit, an Situationen mit dieser Perspektive heranzutreten, die zentrale Leistung im Stadium der Kompetenz: Der kompetente Auszubildende erfasst einzelne Attribute und Aspekte nicht nur analytisch, sondern holistisch. Sie werden ihrer Bedeutung nach auf das jeweilige Ziel hin ausgerichtet und aufeinander abgestimmt.

## Der Gewandte

Auf der vierten Stufe des Modells des Wissenserwerbs nach Dreyfus und Dreyfus wird davon ausgegangen, dass der Lernende die Lernziele der vorhergehenden Stufen nicht nur gelernt, sondern sie durch vielfaches Üben in Form eines Könnens verinnerlicht hat. Der Gewandte beginnt, über das analytische Denken hinauszugehen und ein intuitiv geprägtes Erkennen und Handeln zuzulassen. Dem angehenden Erzählkünstler wäre in diesem Stadium somit zuzumuten, sich vertiefend mit Fertigkeiten auseinanderzusetzen, wie ich sie im Folgenden beschreibe.

Norbert Kober erzählt mit Kindern eine Bärengeschichte als Beispiel für Interaktionsfähigkeit und Gegenwärtigkeit.

### *Interaktionsfähigkeit und Gegenwärtigkeit*

Interaktionsfähigkeit und Gegenwärtigkeit sind eng miteinander verzahnt und setzen ein intuitives Erkennen und Handeln in der jeweiligen Erzählsituation voraus. Übt sich der Kompetente noch im Beobachten und Verstehen des Publikums, so wird der Gewandte bereits Muster erkennen und diese Muster benutzen, ohne sie in ihre Komponenten zerlegen zu müssen. Die Wahrnehmung des Gewandten funktioniert wie ein »holistisches Erkennen von Ähnlichkeiten« (Dreyfus & Dreyfus, 1988, S. 52).

Die Bewältigung der Interaktion mit einem Publikum mit Hilfe intuitiv geprägter Handlungen erscheint als logische Konsequenz ihrer Unplanbarkeit: Der angehende Erzählkünstler kann nicht wissen, an welcher Stelle das Publikum – als Ganzes oder durch Einzelne – Freude, Unmut oder andere Gefühle ausdrückt, sehen wir einmal von geplanten Interaktionsimpulsen des Erzählers ab. Auch ist es schwerlich möglich, Richtlinien zur Bewältigung dieser Herausforderung aufzustellen. Intuition lässt sich nicht erzwingen, sie entsteht im »Fluss des Handelns« oder, wie Dreyfus und Dreyfus es bezeichnen, im »Zauber des Eingebunden-Seins in die Problemwelt« (1988, S. 53). Daher ist Gegenwärtigkeit eine unbedingte Voraussetzung für die Fähigkeit, eine Situation intuitiv zu verstehen und zu organisieren. Dem Gewandten, der vom analytische ins holistische Denken zu gleiten vermag, ist dies zuzumuten.

Norbert Kober erzählt mit Erwachsenen »Wie man sich eine Frau bäckt« als Beispiel für Interaktionsfähigkeit und Gegenwärtigkeit.

### *Figurenspiel*

Der angehende Erzählkünstler hat im vorangegangenen Stadium begonnen, sich als Kompetenter in der kongruenten Komposition von Erzählsituationen zu üben. Dabei hat er ein Empfinden für die Hierarchie der Mittel entwickelt: Allem voran, dass der darstellende Anteil einer Erzählsituation die Wirkerwartungen des Erzählstoffes nicht übertünchen sollte.

Hat er dies verinnerlicht, könnte er im Stadium des Gewandten damit beginnen, vertieft schauspielerische Fertigkeiten zu entwickeln. Als Erzähler hat er gelernt, seinen Körper selbstverständlich Teil der Erzählsituation sein zu lassen. Jetzt kann er beginnen, die Inhalte der Erzählstoffe zu inszenieren und damit für das Publikum anschaulich zu gestalten und zwischen der von Privatheit und von Körperselbstverständlichkeit geprägten Erzählerhaltung und der dramatisch geprägten Figurenvermutung hin und her zu wechseln.

## Der Experte

Die Könnerschaft des Experten beruht auf einem Erfahrungsschatz, der ihn dazu befähigt, intuitiv angemessen zu handeln. So gesehen ist der Experte, so Dreyfus und Dreyfus, Medium für sein eigenes Können, das sich mittels seines Körpers selbst hervorbringt und entfaltet. Diesem Stadium können Fertigkeiten und Haltungen zugeordnet werden, die ich wie folgt beschreibe.

### *Einheit zwischen Erzähler und Erzählstoff*

In der Könnerschaft mündlicher Erzählkunst ist der Expertenstatus das Stadium, in dem der Erzählkünstler seine analytisch geprägte dramaturgische Sicherheit in der Bearbeitung von Erzählstoffen – diese hatte er spätestens als Kompetenter entwickelt – mit einer neuen Qualität verbindet: Nun gilt es nicht nur, qualitativ hochwertige Stoffe zu entwickeln bzw. weiterzuentwickeln, sondern im Prozess der Stoffentwicklung eine Verbindung zwischen dem jeweiligen Inhalt und dem eigenen Empfinden, wenn man so will, mit dem eigenen Körper einverleibend, herzustellen. Diese Fertigkeit habe ich bereits weiter oben mit dem Begriff »Einheit zwischen Erzähler und Erzählstoff« benannt und im vorangegangenen Teil weiter ausgearbeitet. Das Ergebnisniveau dieser Fertigkeit beschreibt die Verbindung zwischen Erzählstoff und Erzählkünstler zu einer Einheit. Meine Gespräche mit erfahrenen Erzählerinnen und Erzählern sowie mit Experten der Erzählkunst machten stillschweigend deutlich, dass der Erzählende erst durch diesen Schritt zu einem Erzählkünstler wird.

Daniela Güthner erzählt »Lola Montez - Wer bin ich und wer möchte ich sein?!« als Beispiel für die Einheit zwischen Erzähler und Erzählstoff.

### *Sprachwahlsicherheit II und Suggestivkraft II durch poetische Dichte*

Ein Erzählkünstler formuliert freisprechend im Vollzug. Um poetisch dicht sprechen zu können, genügt die willentliche Anstrengung allein jedoch nicht – sie könnte dem gewünschten Ergebnis sogar im Wege stehen. Es bedarf einer Syntheseleistung von Willen und beständigem Üben, die nicht erzwungen werden kann.

Damit Sprachwahlsicherheit und Suggestivkraft organisch in den Erzählfluss verwoben werden, bedarf es des Vertrauens in das eigene sprachliche Können – ein Geschehenlassen, das uns bereits bei der Körperselbstverständlichkeit und dem Figurenspiel begegnet ist und nicht inszeniert werden kann.

Dieses Vertrauen erwirbt der Experte allein durch vielmalige Wiederholungen. Erst die Regelmäßigkeit des Übens führt dem Experten zur Bestätigung, dass er sich im Sprachvollzug auf seine sprachästhetische Könnerschaft verlassen kann. Dreyfus und Dreyfus beschreiben es so: Der Experte stellt nicht sein Ich in den Mittelpunkt seines Tuns. Er hält sich zurück, um Raum für ein vertrauensvolles Geschehenlassen zu schaffen, indem er intuitiv zu handeln versteht.

### *Streben nach Echtheit als bühnenhafte Privatheit*

Streben nach Echtheit als bühnenhafte Privatheit kann als die Meisterleistung des Erzählkünstlers betrachtet werden. Gleichzeitig stellt sie eine Art Wettbewerbsvorteil gegenüber anderen erzählenden Kunstausdrücken dar. Der Erzähler auf der Bühne hat die Chance und, so das Ergebnis meiner Gespräche mit verschiedenen erfahrenen Erzählerinnen und Erzählern sowie Experten der Erzählkunst, auch die Aufgabe, während des Erzählvorgangs dem Publikum »in die Augen zu schauen« – als Privatperson, die die Verbindung zwischen den emotionalisierenden Inhalten der Erzählstoffe und dem eigenen Empfinden sichtbar macht. Diese Möglichkeit hat kein anderer erzählender Kunstausdruck, weder der Schauspieler, der seine Privatheit einer Figurenvermutung unterordnen muss, noch der Kabarettist, dessen Spektrum an adressierbaren Gefühlen durch die Publikumserwartung eingeschränkt ist, noch der Filmregisseur, dessen Intentionen, Hoffnungen und Sehnsüchte dem fertigen Film erst extrahiert werden müssen, und noch der Literat, dem der direkte Kontakt zu seiner Leserschaft vorenthalten ist, sieht man einmal von Lesungen ab.

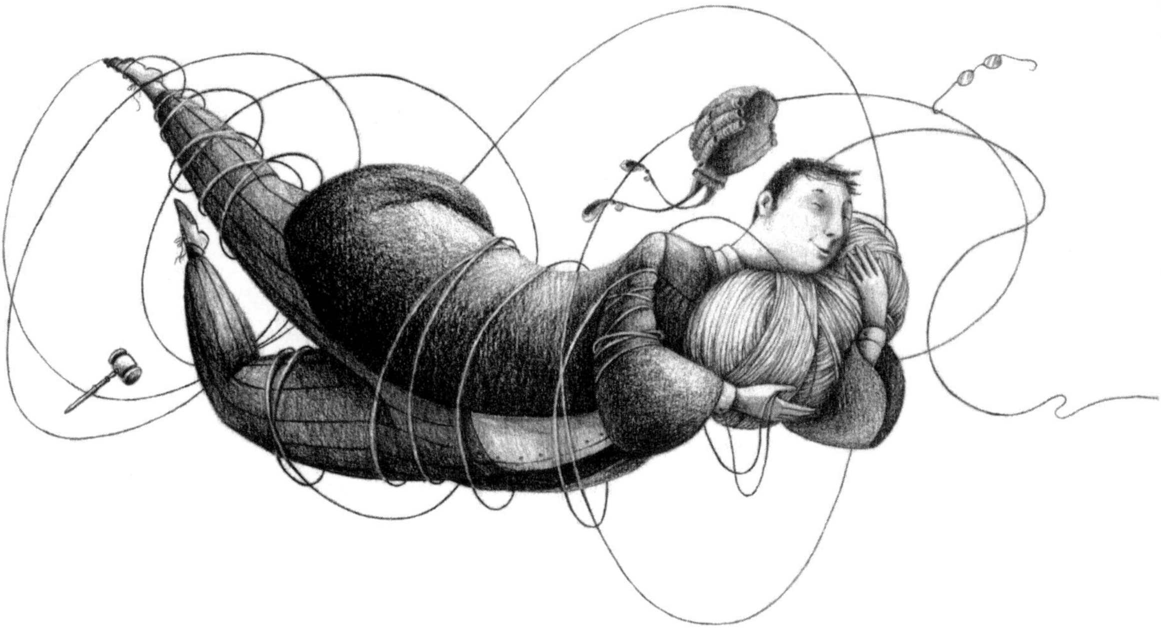

> *»Für das Können gibt es nur einen Beweis: das Tun.«*
> Marie Freifrau von Ebner-Eschenbach

*Kapitel 5*

# Könnerschaft in der narrativen Pädagogik

Das Modell der Könnerschaft mündlicher Erzählkunst formuliert ein breites Spektrum an Fertigkeiten und Haltungen auf unterschiedlichen Niveaustufen. Es bietet sich damit als Grundlage für curriculare Überlegungen zur Aus- und Weiterbildung an. Die pädagogische Erzählkunst erscheint mir deswegen als geeignetes Anwendungsbeispiel, da in Schulen und Kindergärten es meines Erachtens den größten Bedarf an Sensibilisierung und Weiterbildung für die Pädagoginnen und Pädagogen gibt.

Das Modell geht in diesem Anwendungsgebiet mündlicher Erzählkunst von der Annahme aus, dass ein Pädagoge das freie mündliche Erzählen von Geschichten lediglich als Methode einsetzt, um *nicht-künstlerische* Ziele zu verfolgen.

Das Spektrum reicht von der Sprech- und Sprachförderung bei Kleinkindern über die Sensibilisierung für und die Vermittlung von Lerninhalten im Schulumfeld bis weit über den Einsatz von Geschichten im Kontext der Erwachsenenbildung hinaus.

Illustration (S. 100) von Sonja Wimmer zu einer Rätselgeschichte von Norbert Kober. In dieser Geschichte verbindet Kober vier verschiedene Märchen und Kunstmärchen zu einer zusammenhängenden Erzählung.

Ein junger Richter, der Rätsel liebt, lernt eine kluge Bauerntochter kennen. Diese möchte ihn jedoch erst heiraten, wenn er nicht nur Rätsel aufgeben, sondern auch selbst schwierige Rätsel lösen kann. Tatsächlich ist sie ihm beim Lösen der Rätsel weit überlegen; aus Verbundenheit hilft sie ihm jedoch heimlich, ohne dass er es bemerkt.

Ihnen ist gemein, dass mündliches Erzählen nicht als kunstorientiertes, also eigenwertiges, sondern als anwendungsorientiertes, also instrumentalisiertes sprachliches Handeln auftritt.

Wir können mithin davon ausgehen, dass ein erzählender Pädagoge, welcher narrative Formate in Form von Geschichten als Methode in sein pädagogisches Handeln einflechtet, kein Erzählkünstler sein muss – ja, sogar nicht sein soll. Zumindest gibt es sogar Anwendungsfelder, in denen eine künstlerisch orientierte Darbietung von Geschichten parallel zu anderen Methoden menschlicher Kommunikation kontraproduktiv wäre.

So empfiehlt beispielsweise Steve Denning, Vertreter des Erzählens von »Springboard Stories« im Rahmen von Veränderungs-, Verhandlungs- und Überzeugungsprozessen in Unternehmen einen sehr zurückhaltenden Vortragsstil beim Einsatz von Geschichten im Rahmen sozialer Lernprozesse (vgl. Denning, 2004, S. 133ff.).

Dennoch ist der Sprechakt sowohl Ausgangspunkt als auch Medium des Unterrichts. Über ihn findet Austausch, Erarbeitung und Verständigung statt. Das Erzählen hat seinen didaktischen Ort sowohl in der mündlichen als auch in der schriftlichen Kommunikation, weshalb es in jedem Schulfach zur Geltung kommen kann.

Allerdings sollte das mündliche Erzählen als eigenständiger Lerngegenstand und nicht nur als Lernmedium angesehen werden, wie der Erzähldidaktiker und emeritierte Professor für Didaktik der deutschen Sprache und Literatur, Valentin Merkelbach, treffend beschrieben hat:

»Kinder erzählen am wenigsten gerne, wenn sie wissen, dass sie alles, was sie sich ausgedacht und mündlich erzählt haben, anschließend auch noch aufschreiben sollen.« (Merkelbach, 2003, S. 36)

Die Fertigkeit zu sprechen besitzen Kinder im Idealfall bereits bei der Einschulung. Jedoch muss die Fähigkeit, sich strukturiert erzählend auszudrücken, erst erlernt werden – und dieser Prozess lässt sich gezielt unterstützen!

Allerdings erweisen sich einige Merkmale schulischer Kommunikation als eher hinderlich; allen voran die Klassenstärke und die Verzweckung von Schule, wie sie beispielsweise in der Schülerselektion mit ihrer quantitativen Ergebnissicherung zum Ausdruck kommt. Dies legt den Verdacht nahe, dass das Sprechen miteinander und das Erzählen von wissenstragenden, sinnstiftenden oder lediglich unterhaltenden Geschichten im schulischen Kontext derzeit nur bedingt umzusetzen sind.

In der narrativen Pädagogik – auch »erzählende Pädagogik« genannt – haben jedoch anschaulich erzählte Erlebnis- und Erfahrungsgeschichten Vorrang vor intellektuell Verarbeitetem, das auf Lernzielorientierung, Abstraktion und Faktenwissen abzielt. Im Rahmen einer narrativen Pädagogik begegnen sich Lehrer und Schüler im Rahmen des Entwickelns, Erzählens und Bearbeitens von Geschichten. Lehrer und Schüler ähneln sich dabei einer klassischen Erzählgemeinschaft.

In diesem Kontext gilt Erzählen als »[...] die sprachliche Vergegenwärtigung einer zurückliegenden singulären Erfahrung des Sprechers, die dem Hörer die Teilnahme an fremdem Erleben ermöglicht. Dabei ist der Hörer keineswegs unbeteiligt am Zustandekommen der Erzählung, sondern dokumentiert durch Nachfragen sein Verstehen und sein Interesse im Ablauf des Erzählvorgangs« (Flader & Hurrelmann, in Merkelbach, 2003, S. 12).

Die Psycholinguisten Elizabeth Bates († 2003) und Brian MacWhinney definierten narratives Lernen seinerzeit als eine Lernweise, die elementare Erfahrungen kognitiv strukturiert und so das Erinnern und Verstehen erleichtert. Durch das Erzählen von Geschichten werden jedoch nicht allein Fakten und Informationen vermittelt, sondern auch emotionale und soziale Aspekte erfasst, die das Verständnis vertiefen. Zugleich überführt ein narrativer Unterricht die erzählten Sachverhalte für die Schülerinnen und Schüler in zu erlebende Ereignisse: Anschaulichkeit und Nähe sind die Folge (vgl. Bates & MacWhinney, 1987). Infolgedessen hoben Bates und MacWhinney hervor, dass narratives Lernen nicht nur für die Sprachentwicklung, sondern auch für die allgemeine kognitive Entwicklung von großer Bedeutung ist. Es unterstützt das Verständnis von Kultur, Identität und sozialen Beziehungen.

## Lehrererzählung

Entgegen gängiger Ansicht hat der lehrerzentrierte Unterricht, auch als Frontalunterricht bekannt, mehrere Vorteile und ist im Kontext einer narrativen Pädagogik besonders effektiv. Lehrerzentrierter Unterricht ermöglicht es, Problemstellungen, Sachverhalte und Stimmungsbilder in Form von Geschichten schnell und effizient an eine große Gruppe von Schülern zu vermitteln. Dies ist besonders nützlich, wenn es darum geht, mithilfe einer erzählten Rahmengeschichte Konzepte und komplexe Sachverhalte einführend zu vermitteln. Die Lehrererzählung bietet dafür mit Einleitung, Höhepunkt und Auflösung eine klare Struktur und ermöglicht es, den weiteren Lernprozess und Unterrichtsverlauf genau zu steuern. Dies kann besonders in Klassen mit vielen Schülern oder in Situationen mit begrenzter Unterrichtszeit von Vorteil sein.

Der Geschichten erzählende Lehrer kann sicherstellen, dass die gegebenen Informationen, Konzepte und Stimmungsbilder korrekt und präzise vermittelt werden, was das Risiko von Missverständnissen und Fehlinformationen verringert, denn alle Schüler erhalten die gleichen Informationen zur gleichen Zeit, was eine einheitliche Grundlage für die weitere Vertiefung der Geschichteninhalte schafft. Der erzählende Lehrer ist dank des Steuer-Regel-Mechanismus weiterhin in der Lage, gezielt auf die Reaktionen der Schüler einzugehen und seine Erzählung entsprechend anzupassen, um sicherzustellen, dass alle Schüler die angesprochenen Problemstellungen, Sachverhalte und Stimmungsbilder nachvollziehen können.

Die lehrerzentrierte Erzählung bietet damit gegenüber anderen Formen des Erzählens im Unterricht die Möglichkeit, eine immer komplexer werdende Welt zu ordnen, da es die Vielzahl der Eindrücke strukturiert – weshalb es auch auf die Schülerinnen und Schüler eine zufriedenstellende Wirkung entfaltet: In der Lehrererzählung werden Sachverhalte linear und szenisch gegliedert erzählt, einzelne Ereignisse innerhalb der konkreten Alltagswelt dargestellt und der abstraktlogische Deutungszusammenhang *vorerst* vermieden. Damit eignet sich die Lehrererzählung insbesondere für eine Stoffeinführung.

Ein Beispiel für eine Rahmenerzählung im Sachunterricht zum Planthema »Nutzung von Strom« gab Joachim Kahlert, Direktor des Münchener Zentrums für Lehrerbildung der Ludwig-Maximilians-Universität München und ehemaliger Inhaber des Lehrstuhls für Grundschulpädagogik und Didaktik: Didaktisches Ziel der Erzählung war die Sammlung von Tätigkeiten und Vorgängen, bei denen elektrischer Strom gebraucht wird. Diese Sammlung war in eine Rahmenerzählung eingebunden, in der fiktive Geschichtenhelden einen Stromausfall miterlebten und nun erzählten, was alles passierte und welche sonst selbstverständlichen Handlungen nun nicht mehr möglich waren (vgl. Kahlert, 2005, S. 208ff.).

Es ist jedoch wichtig zu betonen, dass die lehrerzentrierte Erzählung nicht die einzige Methode einer narrativen Pädagogik ist, sondern in Kombination mit schülerzentrierten und interaktiven Methoden verwendet wird, um eine ausgewogene Erzählgemeinschaft und ein effektives Lernumfeld zu schaffen.

## Gemeinschaftliches Erzählen

Steht das kindliche Erzählbedürfnis im Vordergrund, gestaltet sich die Erzählung gemeinschaftlich in der Erwachsenen-Kind-Interaktion. Hierbei sollte der Lehrer allerdings, so Reinhard Völzke in einem Vortrag am 6. Oktober 2006 an der Universität Flensburg im Rahmen der Fachtagung »Das Leben entfalten – biografisch lernen – biografisch lehren«, »seine Erzählschwelle absenken«. In anderen Worten: Soll gemeinschaftlich zwischen Lehrer und Schüler eine Geschichte entstehen, muss der erwachsene (Mit-)Erzähler sprachliche Einfachheit üben.

Schon Heiko Hausendorf, Professor für Deutsche Sprachwissenschaft an der Philosophischen Fakultät der Universität Zürich, und Dagmar Wolf, heute in der Bereichsleitung Bildung der Robert Bosch Stiftung tätig, betonten 1998 die Interaktion zwischen Schüler und Lehrer. Sie gingen von einem im Unterricht entstehenden kommunikativen Rahmen aus, in dem sich das gemeinsame Erzählen vollzieht, wobei weniger die pädagogisch-didaktische Unterrichtsgestaltung wie bei der Lehrererzählung als vielmehr die Interaktion zwischen Lehrer und Schüler wie auch Schüler und Schüler ausschlaggebend seien. So regt das gemeinschaftliche Erzählen und

Zuhören in erster Linie zu Reflexionsprozessen an und dient weniger der Stoffvermittlung.

Als besonders praktisch haben sich in der narrativen Pädagogik folgende Formen des gemeinschaftlichen Erzählens erwiesen: texttreues Erzählen lassen (z.B. Märchen, Legenden), paraphrasierendes bzw. hinzusagendes Erzählen (z.B. Mitmachgeschichten), perspektivisches Erzählen (z.B. Geschichten aus verschiedenen Blickwinkeln erzählen) und Ursprungs- und Rahmengeschichten (z.B. Kettenerzählungen).

Viele Vorlagen für Mitmach- und Kettenerzählungen stellt der emeritierte Lehrstuhlinhaber für Vorschulpädagogik an der Universität Bremen, Johannes Merkel, in seinem »Erzählkabinett« zur Verfügung. Er schreibt: »Kinder lassen sich bei jeder Erzählung zum Mitmachen anregen. Man braucht an spannenden Stellen nur zu fragen: Was glaubt ihr, hat der Held nun wohl gemacht? Und schon äußern einige, wie es weitergehen könnte. Passt das in die eigene Geschichte, lässt sich dieser Vorschlag nahtlos einbauen. Weicht er davon ab, kehrt man mit dem Satz zur eigenen Geschichte zurück: Das hätte er auch tun können, aber in meiner Geschichte hat er etwas anderes getan.«[7]

[7] https://stories.uni-bremen.de/kategorie/format/miterzaehlen/ abgerufen am 1.06.2024

## Miteinandersprechen

Neben der Erzählung des Lehrers und dem gemeinsamen Erfinden von Geschichten ist das Miteinandersprechen ein Grundbedürfnis der meisten Kinder. Die Fähigkeit zu einem gemeinsamen Unterrichtsgespräch verläuft jedoch nicht für alle Beteiligten zufriedenstellend, wie Ulrike Potthoff, heute Fachleiterin Deutsch im Zentrum für schulpraktische Lehrerausbildung Düsseldorf, und ihre Mitautorinnen bereits 1996 feststellten (vgl. Potthoff et al., 1996, S. 7ff.). Da die Sprechfertigkeiten der Kinder unterschiedlich ausgeprägt seien, müsse das Lernfeld des mündlichen Sprachgebrauchs von Schülerinnen und Schülern, so die Autorinnen, auch *differenziert* gefördert werden.

Der Erzähldidaktiker Valentin Merkelbach argumentierte, dass Kinder das Erzählen nicht nebenbei erlernen, sondern nur unter »günstigen Bedingungen« – wenn sie erzählen dürfen, ihnen aktiv zugehört wird und sie selbst anderen zuhören. Das alltägliche Unterrichtsgespräch gelte daher als »komplexe kommunikative Aufgabe, die nur kooperativ zu erledigen ist« (Merkelbach 2003, S. 33)

So erscheint die von Claussen und Merkelbach konzipierte »Erzählwerkstatt« (2003) als sinnvolle Vorlage für eine Unterrichtsreihe, in der alle Schülerinnen und Schüler in ihrer Gesprächsfähigkeit und speziell Erzählkompetenz sowie ihrem verstehenden Zuhören gefördert werden können.

Das Prinzip der Erzählwerkstatt beruht darauf, dass sich das Erzählen weitgehend am »Vermögen der Kinder orientiert« (Merkelbach, 2003, S. 17) und der Lehrer lediglich als Berater und Moderator fungiert.

An dieser Stelle muss aber darauf hingewiesen werden, dass die Umsetzung der im Modell der Könnerschaft mündlicher Erzählkunst vorgestellten Fertigkeiten und Haltungen *nicht* die Anwendung und Übung von erzählpädagogischen Instrumenten wie jene der Erzählwerkstatt ersetzt. Der Pädagoge als »kompetenter« Erzähler mag unter Kenntnis und Einsatz der in diesem Modell genannten Fertigkeiten und Haltungen in der Lage sein, für Kinder und Erwachsene zu erzählen, – er ist deswegen aber noch nicht ohne Weiteres in der Lage, mit Kindern erzählpädagogisch orientierte Erzählspiele umzusetzen, »ihre vorhandene Erzählfreude zu stützen und zu schützen«, wie Claussen es ausdrückt (1995, S. 139).

Der Einsatz der »Geschichtenerfinderwerkstatt« von Helga Gruschka – ein erzählpädagogisches Instrument, das Gruppen bis 30 Personen unter Anwendung einer Moderationstechnik zur Entwicklung eigener Geschichten motiviert – setzt beispielsweise besondere Moderationsfertigkeiten voraus, die im Modell der Könnerschaft nicht berücksichtigt sind (Gruschka, 2008).

## Bewertungsprobleme

Ein Problemfeld bei der Frage der (Wieder-)Etablierung einer narrativen Pädagogik tut sich bei der schulischen Bewertung derselben auf. Was wird überhaupt beim freien mündlichen Erzählen der Schülerinnen und Schüler bewertet? Müssten bei der Benotung durch den Lehrer auch die Performanzkriterien wie Dramaturgie, Sprachwahlsicherheit, Suggestivkraft oder Körperselbstverständlichkeit eine Rolle spielen oder gelten allein stimm- und sprecherzieherische Fertigkeiten wie sie beispielsweise im sprachgestalterischen Unterricht an Freien Waldorfschulen zum Lehrplan gehören?

Das Modell der Könnerschaft mündlicher Erzählkunst kommt in der schülerzentrierten Ausformung einer narrativen Pädagogik an seine Grenzen, da es der komplexen Gruppensituation im Unterricht und seiner notwendigen Binnendifferenzierung nicht gerecht werden kann. Wie sollte die Schülerleistung auch dokumentiert werden?

Um eine einigermaßen angemessene, objektive und verlässliche Beurteilung leisten zu können, wäre ein hoher Aufwand nötig, da die ansonsten flüchtigen Erzählungen gefilmt werden müssten, um die Gesamtsituation und das Gesagte festzuhalten. Hier gilt die die Aussage Tabea Beckers, dass sich »Kompetenzen der unmittelbaren Anschauung und dem direkten Zugriff eigentlich entziehen«.

Wahrscheinlich sind in diesen und weiteren Überlegungen der Grund dafür zu finden, dass mündliche Erzählungen in der Schule nicht beziehungsweise nur ungern benotet werden. Aus Erzählungen von Pädagogen, die ich im Rahmen von Lehrerfortbildungen kennengelernen durfte, weiß ich um die Herausforderung, künstlerisch-qualitative Beiträge der Schülerinnen und Schüler an eine einzige Ziffer zu binden.

## Rahmenbedingungen

Dieter Flader und Bettina Hurrelmann führten bereits 1984 eine empirische Studie zum freien Erzählen im Unterricht durch, mit der sie aufzeigen konnten, dass sich freies, alltägliches Erzählen von dem, was in der Schule darunter verstanden wird, deutlich unterscheidet: Drei wesentliche Konflikte lassen, so die Autoren, freies Erzählen in der Schule widersprüchlich erscheinen und die Verbindung schulischen Lernens mit den alltäglichen Erfahrungen der Kinder erschweren: Erstens sind es zumeist die Lehrer, die das freie Erzählen einfordern, weshalb es keinem spontanen Mitteilungsbedürfnis der Schüler entsprechen kann. Zweitens stellen Lehrer innerhalb der Erzählung Korrektur- und Verbesserungsvorschläge bezüglich der Präsentationsform in den Vordergrund und nicht den Inhalt. Und drittens steht die Verarbeitung einer persönlichen Erfahrung des erzählenden Schülers nicht im Interesse des Lehrers, der einen objektiven Lernfortschritt aus erzähldidaktischer Sicht abschätzen soll.

Kinder haben, so die Autoren, ein latentes Wissen um diese Hintergründe, sodass es ihnen schwerfällt, sich frei zu äußern. Ebenso schwerfallen ihnen das Formulieren von Widersprüchen und die Einsicht, den eigenen Beitrag zugunsten des Gesprächsverlaufs zurückzustellen.

Es besteh damit keine Kohärenz zwischen den Kommunikationsstrukturen innerhalb eines verpflichtenden Unterrichts und den zu Grunde liegenden Richtlinien für den freien mündlichen Sprachgebrauch. Schule, wie wir sie kennen, steht mit ihrem Lehrauftrag dem freien Erzählen entgegen.

Trotz dieser hinderlichen Rahmenbedingungen sehen Dieter Flader und Bettina Hurrelmann Möglichkeiten zur Integration des freien Erzählens in den Unterricht, und zwar als Verbindung von schulischem Lernen und alltäglichem Erzählen. Dies gelinge, wenn die Kinder die Erzählsituation mitgestalten dürfen, in der Schule eine dem Erzählen entsprechende Atmosphäre geschaffen wird, die sich durch ein Maß von Persönlichkeit und Vertrautheit vom alltäglichen Schulklima absetzt, und drittens sich der Lehrer weitgehend aus der Bearbeitung und Auseinandersetzung mit den Erzählungen zurücknimmt (vgl. Flader & Hurrelmann, 1984, S. 240ff.).

## Ziele

Verläuft die erzählerische Entwicklung der Schüler gemäß diesen drei Bedingungen, so werden sie am Ende der Grundschulzeit vermutlich in der Lage sein, selbstständig einen nahezu vollständig ausgearbeiteten narrativen Text unter Rückgriff auf gängige Erzählmuster zu gestalten und wiederzugeben.

Wie sich das Erzählen von Geschichten auf das innere Wachstum des Schülers auswirkt, formulierte treffend der kanadische Geisteswissenschaftler Jocelyn Létourneau: »Indem es sich auf diese grundlegenden Geschichten bezieht und ihre primären Strukturen übernimmt, wird das Kind, wenn es größer wird, weiterhin verstanden werden können und folglich existieren, denn existieren bedeutet, einer Gemeinschaft anzugehören, Beziehungen zu anderen einzugehen und zu kommunizieren« (Létourneau, 2007, S. 242).

Auch dem erzählenden Lehrer lassen sich angesichts der schulischen Besonderheiten Entwicklungsziele nahelegen. In der narrativen Pädagogik muss die Lehrkraft

1. für begünstigende Rahmenbedingungen im Klassenraum Sorge tragen,
2. eigene Gesprächsfähigkeit und Dialogkompetenz aufbauen
3. und die Bereitschaft und Fertigkeit zum Erzählen entwickeln.

Daraus ergeben sich bestimmte Anforderungen an Fertigkeiten und Haltungen, die ich im Folgenden skizzieren möchte.

## Anforderungen

Der Erzähler und Sprecherzieher Jürgen Janning stellte in den Achtzigerjahren die Frage, ob das Erzählen überhaupt erlernt werden kann (Wehse, 1983, S. 126). Er war der Meinung, dass es ausreichen solle, einer Erzählerpersönlichkeit zu begegnen, die »einfach nur erzählt«, um uns durch ihre Begabung selbst zu Erzählern zu machen. Zudem sollte eine fesselnde Geschichte genügen, um eine »Erzählgemeinschaft« zu schaffen.

Der Erzähldidaktiker und emeritierte Professor für Didaktik der deutschen Sprache und Literatur, Valentin Merkelbach, betonte demgegenüber den prozesshaften Charakter des freien Erzählens im Unterricht. Er erkannte in der Lehrererzählung wie im Unterrichtsgespräch ein eigenständiges Entwicklungsfeld, in dem durch Handeln und Reflexion etwas entdeckt und gelernt werde (Merkelbach, 1999, S. 9). Erzählen sei seiner Meinung nach nicht nur ein Medium des Lernens, sondern ein eigenständiger Gegenstand des Lernens, was er mit zahlreichen Unterrichtsvorschlägen untermauerte.

Hier erscheint das erzählende Lehren als eine bewusst zu erlernende performative Fähigkeit. – Wir schließen uns dieser Annahme an: Narrative Pädagogik ist kein Ergebnis persönlicher Inspiration oder glücklicher Umstände. Es ist Bestandteil eines professionell-pädagogischen Handelns und sollte Gegenstand jeder Lehrausbildung sein.

Wenden wir das dafür geeignete Modell der Könnerschaft freien mündlichen Erzählens an, wird jedem Lehrer empfohlen, sich als »fortgeschrittener Anfänger« zu etablieren: Er verbleibt im Selbstverständnis eines professionell-pädagogisch Handelnden – weder versteht er sich als Erzählkünstler, noch ist ihm der Klassenraum eine Bühne und seine Schülerinnen und Schüler sein Publikum –, und dennoch eignet er sich grundlegende Fertigkeiten und Haltungen für einen erzählenden Unterricht an.

Lehrerinnen und Lehrer sollten folglich *erstens* auf der Stufe eines »fortgeschrittenen Anfängers«

1. grundlegende stimm- und sprecherzieherische Fertigkeiten gelernt haben,
2. sich in der Sprachwahl soweit sicher sein, dass sie eine Einheit von Erzählstoff und Klassengebilde herstellen können,
3. Körperselbstverständlichkeit so weit entwickelt haben, dass sie den Erzählstoff mimisch und gestisch unterstreichen können,
4. eine innere Haltung entwickelt haben, die nach unbedingter Anschlussfähigkeit im Einsatz aller Sprach- und Ausdrucksmittel strebt.

Der »Magister Narrans«, der erzählende Lehrer, wie ihn Valentin Merkelbach in Anlehnung an Hubert Halbfas beschrieben hat, bedarf darüber hinaus *zweitens* der Fertigkeiten und Haltungen, die im vorliegenden Modell der Könnerschaft dem »Kompetenten« zugeschrieben werden. Lehrerinnen und Lehrer, die sich in ihrem Sprechberuf insbesondere als erzählende Pädagogen verstehen, sollten auf der Stufe eines »Kompetenten« zusätzlich

5. dramaturgische Sicherheit entwickelt haben, nämlich die Fertigkeit, anspruchsvolle Geschichten zu entwickeln beziehungsweise weiterzuentwickeln,
6. rhetorischer Fertigkeiten wie Pausengestaltung und Rhythmisierung des Erzählflusses ausgearbeitet haben,
7. Suggestivkraft durch sinnenhaften Ausdruck beherrschen können, wie sie in der sprachlichen Adressierung von visuellen, auditiven, gustatorischen, olfaktorischen und kinästhetischen Inhalten der Erzählstoffe zum Ausdruck kommen,
8. ein proxemisches Verständnis des Klassenraumes entwickelt haben, um den Fokus eigener Präsenz aufzubauen,
9. eine empathische Beobachtungsgabe erlernt haben, mit deren Hilfe sie Hinweise zu den Bedürfnissen ihrer Schülerinnen und Schüler erhalten und die die Grundlage für ihre Beziehungsfähigkeit mit ihrer Schulklasse darstellt,
10. eine innere Haltung eingenommen haben, die nach der kongruenten Verbindung aller erzählerischen Mittel strebt.

Ein erzählender Lehrer, der diese Fertigkeiten und Haltungen verinnerlicht hat,

- weiß um die Stärken und Schwächen seiner gewählten Erzählstoffe und hat Mängel weitestgehend behoben;
- er fühlt sich für seine Erzählstoffe verantwortlich,
- hat bereits bei der Wahl und Bearbeitung derselben seine Schülerinnen und Schüler gedanklich vor Augen und
- fragt sich, ob die Stoffe emotional und intellektuell anschlussfähig sind – die Schüler weder unterfordern noch überfordern, weder erschrecken noch langweilen;
- er wählt eine Sprache und einen Duktus, der zum einen der Schulklasse und zum anderen dem Erzählstoff angemessen ist,
- und erzählt mit einer ausreichend lauten und ausreichend artikulierten Stimme;
- er ist bedacht auf wirkungsvolle Pausengestaltung und rhythmisiert den Erzählfluss;
- dabei folgt sein körperlich-darstellender Ausdruck der eigenen emotionalen Beteiligtheit am jeweiligen Erzählstoff;
- er hat sich für seine Erzählung einen wie auch immer gearteten Bühnenraum als Anker inmitten der Klassenraumsituation geschaffen;

- während des Erzählens liegt seine Aufmerksamkeit geistesgegenwärtig auf die Bildabfolge seiner Geschichte (Blick nach innen) und zugleich auf seine Schülerinnen und Schüler (Blick nach außen);
- er versucht sein Erzählen an den Signalen der Schüler zu orientieren beziehungsweise Wünsche derselben zu erkennen und zu erfüllen, um so eine erzählerische Beziehung zu seiner Klasse aufzubauen;
- in allem Handeln orientiert er sich nicht nur an der Verhältnismäßigkeit der erzählerischen Mittel, sondern auch an ihren Abstufungen. Er versucht zum Beispiel niemals, mit dem darstellenden Anteil der Erzählsituation die Wirkkraft der Geschichte zu übertünchen beziehungsweise schwache Geschichten durch Performanzleistung zu kompensieren.

| Kategorie | Grundstufe | Magister narrans |
|---|---|---|
| **I. Könnerschaft im Prozess der Werkentstehung** | | • Dramaturgische Sicherheit |
| **II. Könnerschaft in der Performanzsituation** | | |
| sprech- und sprachorientierte Befunde | • Grundlegende stimm- und sprecherzieherische Fertigkeiten<br>• Sprachwahlsicherheit I (Stoff und Lerngruppe) | • Grundlegende stimm- und sprecherzieherische Fertigkeiten<br>• Sprachwahlsicherheit I (Stoff und Lerngruppe)<br>• Suggestivkraft I |
| darstellungsorientierte Befunde | • Körperselbstverständlichkeit | • Körperselbstverständlichkeit<br>• Raumverständnis |
| Befunde zur Interaktions- und Beziehungsleistung | | • Empathie- und Beziehungsfähigkeit |
| **III. Erfolgskritische Haltungen des Erzählkünstlers** | • Streben nach unbedingter Anschlussfähigkeit | • Streben nach unbedingter Anschlussfähigkeit<br>• Stimmigkeit der erzählerischen Mittel |

Tabelle 4
Überblick über die Niveaustufen im Konzept der »Könnerschaft« in der narrativen Pädagogik

Caro
Mio
ben

*»Noch höher als das Kartenspiel [...] gilt bei mir,*
*wenn einer eine schöne Geschichte erzählt [...],*
*und einen Kameraden von mir habe ich,*
*glaub ich, nur deswegen so lieb, weil er Geschichten weiß,*
*die sieben Stunden und länger dauern!«*
Fuhrmann im »Wirtshaus im Spessart« (Hauff, Werke III)

***Kapitel 6***

# Überlegungen für die Aus- und Weiterbildung

Im Mittelpunkt meines Forschungsprojekts aus dem Jahr 2005 stand der Versuch, die Fertigkeiten, Fähigkeiten, Routinen und Haltungen zu beleuchten, die in ihrem Zusammenspiel einen Menschen zum Erzählkünstler machen.

Durch das Modell der Könnerschaft mündlicher Erzählkunst, das zwischen verschiedenen Stadien des Wissenserwerbs (vgl. Dreyfus & Dreyfus, 1988) unterscheidet, wird Erwachsenenpädagogen eine Orientierung angeboten, die beim zielgerichteten ressourcensparenden Entwurf von Erzählseminaren hilfreich sein könnte.

Im Jahr 2015 habe ich des Weiteren mit der Erweiterung des Definitionsraums des Erzählens von 1 bis 4 eine Definitionslücke geschlossen, die das Phänomen »Erzählen« in Kommunikation (1), Erzählkultur (2), angewandte Erzählkunst (3) und Bühnenerzählen (4) zu unterscheiden weiß.

Illustration (S. 122) von Sonja Wimmer zu einer Geschichte von Norbert Kober, in der er sein eigenes Stottern verarbeitet hat.

Mauro, ein junger Mann in einem kleinen toskanischen Dorf, wird von allen Dorfbewohnern sehr geliebt. Warum? Weil er den ganzen Tag singt. Alles, was die anderen Dorfbewohner sprachlich mitteilen, drückt er in seinen Liedern aus. Was jedoch niemand weiß und wissen darf: Wenn er spricht, stottert er. Eines Tages kommt eine reisende Frau in das kleine Dorf. Von diesem Zeitpunkt an sieht man Mauro, fernab der anderen, nur noch mit der Reisenden sprechen und nicht mehr singen. Das Dorf kann sich darauf keinen Reim machen.

Quer zu diesen praxisorientierten Ergebnissen meiner Studie stehen weitere theoretische Überlegungen, die dem Modell der Könnerschaft darüber hinaus eine gedankliche Tiefe geben und vor allem die Aus- und Fortbildung von Erzählerinnen und Erzählern tangieren.

## Könnerschaft

Könnerschaft beschreibt das Handeln eines Experten im Sinne des bereits vorgestellten Stufenmodells von Dreyfus und Dreyfus. Könnerschaft kann als ein Entwicklungsstadium eines Lernenden bezeichnet werden, in dem sich ein intuitives Verständnis von Situationen auftut, in dem Urteilskraft ein dynamisches Kriterium ist, und in dem distale Merkmale, also Merkmale, die außerhalb des Kernproblems liegen, ihm, dem Experten, ein bekanntes Muster zeigen.

Der Naturwissenschaftler und Philosoph Michael Polanyi (1891–1976) sprach in diesem Zusammenhang von »Physiognomien«, also dem Erkennen eines Ganzen mit ungliederbaren Einzelheiten.

Des Weiteren bedingt Könnerschaft die Bereitschaft, Dinge gelassen geschehen zu lassen sowie Intuitionen und Ahnungen einem Wahrnehmungsraum zuzusprechen und sich in eine situative Gegenwart gänzlich einbinden zu lassen.

Intuition und Ahnung – Könnerschaft trägt damit bereits eine Grenze des Erklärbaren in sich. Denn ein künstlerischer Ausdruck setzt sich nicht allein durch die geordnete Anwendung von Regelwissen zusammen. Wäre dem so, wäre jeder ein Künstler, der sich dasselbe anzulesen bereit ist.

Ein Beispiel aus der Fernsehgeschichte vermag dies verdeutlichen: Der US-Amerikaner Bob Ross war über Jahrzehnte Mallehrer. Seine auch im deutschen Fernsehen ausgestrahlte Sendung hieß »Joy of Painting – Malen lernen kann jeder«. Fast täglich hatte er vor der Kamera und innerhalb einer halben Stunde in Echtzeit wunderbare Bilder gemalt und genau erklärt, was er macht, wie es geht und was der Zuschauer zu tun hat, um dieses Bild auch malen zu können. Hätte man, hypothetisch gesprochen, selbst eine Leinwand neben dem eigenen Fernseher aufgestellt und wäre einfach den Anweisungen von Bob Ross gefolgt, so hätte man doch ein ähnliches Ergebnis produzieren müssen. Er hat ja genau erklärt, wie es geht! Natürlich ist es aber nicht so. Bob Ross konnte nie sprachlich erklären, worauf es wirklich ankommt, wenn man in dreißig Minuten ein Bild wie Bob Ross malen möchte.

Welche Rolle spielt also implizites Wissen bei der Beschreibung mündlicher Erzählkunst? Welche Hindernisse sind bei der Weitergabe von Fertigkeiten und Haltungen zu erwarten?

## Implizites Wissen

In seinem Band »Personal Knowledge. Towards a Post Critical Philosophy« aus dem Jahr 1958 sprach der Philosoph Michael Polanyi von »tacit knowing«, welches in der deutschen Übersetzung als »implizites Wissen« formuliert wurde. Die kleine, aber bedeutende Differenzierung zwischen »knowing« und »knowledge« ging, so Neuweg (2001), bei der Übersetzung jedoch verloren. Im Deutschen kann der Unterschied zwischen dem prozessorientierten »knowing« – das Suffix »ing« verweist auf eine substantivische Verbform – und dem feststehenden »knowledge« anders als im Englischen nur durch den Wechsel von Verb zum Substantiv Ausdruck gegeben werden.

Implizites Wissen zeigt sich im Wesentlichen als prozesshafter Akt bzw. wird als ständiger und dynamischer Prozess verstanden. Somit ist das Implizite als Implizites niemals wirklich festzuhalten. Martin Sexl meinte hierzu: »Implizites ist Aktion und wird in Aktion getestet, durch ständiges Tasten und Suchen, das auf Erfahrung aufbaut und durch geistige Anstrengung in Gang gehalten und getestet wird. Dieser Prozess hat kein Ende, kommt nicht zum Stillstand.« (1995, S. 27).

Auch Michael Polanyi thematisierte die Widersprüchlichkeit, Prozesshaftes zu erklären und über Wissen zu schreiben: Die Unmöglichkeit dieses Unterfangens zeigte sich für ihn darin, dass der Vorgang des Schreibens unseren Wissensfundus erweitert und sich damit permanent verändert. Forscher glaubten an den Wahrheitsgehalt ihrer Aussagen, jedoch seien die Glaubenssätze nicht absolut, sondern prozesshaft, und jedes Mal, wenn wir neues Wissen gewinnen, erweitern und vergrößern wir die Erkenntniswelt des Menschen (Polanyi, 1959, S. 11).

Die Eigenschaft der Prozesshaftigkeit von Wissen, worin ein Teil des Wissens nicht greifbar ist, bringt nicht nur eine besondere strukturelle Charakteristik unseres Wissens zutage, es zeigt auch, dass dadurch ebenso von verschiedenen Wissensarten gesprochen werden muss, die nebeneinander und, so Polanyi, miteinander verbunden existieren.

Die Existenz eines Impliziten als unaussprechliches Wissen erinnert an Ludwig Wittgenstein und seine viel zitierte Aussage im Tractatus: »Wovon man nicht sprechen kann, darüber muss man schweigen.« (Wittgenstein, 1984, S. 85). Vermutlich war es für Wittgenstein eine selbstverständliche Option, die Probleme der Ethik und Ästhetik seiner Zeit nicht ausschließlich rational, also explizit zu fassen. Der Philosoph trennte verschiedene Wissensformen und war der Meinung, dass Ethik unsagbar und getrennt sei von den Problemen der Wissenschaft, die explizit formuliert und gelöst werden könnten (vgl. Wittgenstein, 1984, S. 85ff.). Zur Verdeutlichung, was er damit meinte, stellte Ludwig Wittgenstein zwei bekannte Fragen gegenüber: »Wie hoch ist der Mont Blanc?« und »Wie klingt eine Klarinette?« (Wittgenstein, 1984, S. 284). In seiner Erläuterung des »Sprachspiels« erklärte er, dass die erste Frage innerhalb eines vorher festgelegten Regelsystems beantwortet werden könne, auch wenn es innerhalb dieses Systems wohl Grauzonen gebe, wie etwa, ob die jährlich sich verändernde Schneedichte beim Messergebnis berücksichtigt werde oder nicht. Die zweite Frage zum Klang einer Klarinette verlange, wenn sie sinnvoll beantwortet werden solle, nach gänzlich anderen Rahmenbedingungen. Darüber hinaus gebe es berechtigte Zweifel, ob diese Frage überhaupt direkt beantwortbar sei. Im Alltag werde diese Frage viel eher damit beantwortet, einem Musiker beim Spielen einer Klarinette einfach zuzuhören – dann wisse man es wohl. Sollte die Frage jedoch sprachlich beantwortet werden, dann greife man üblicherweise auf Vergleiche zurück, die aber in ihrer Art vorrangig ästhetische und nicht wissenschaftliche Mittel der Erklärung seien (vgl. Sexl, 1995, S. 28ff.).

Polanyi kannte dagegen eine derartige Trennung nicht, wohl aber die Existenz verschiedener Wissensarten. In seinem Denken waren die verschiedenen Wissensformen in einer »impliziten Triade« (Vertrauen, Anerkenntnis, Einfühlung) verbunden. Er ging in seinen Erklärungen soweit zu behaupten, dass das Explizite zu keiner Zeit ohne das Implizite existiere. Das Implizite sei die Basis des Expliziten, und im Falle der Prämissen der Wissenschaft zeige sich Implizites auch als ethische Entscheidung und Wert. In diesem Sinne wären ästhetische und ethische Bereiche die implizite Basis für unser wissenschaftliches Wissen (vgl. Sexl, 1995, S. 29).

Die Verbindungslinien und Parallelen, die Polanyi durch seine Verknüpfung des Impliziten mit dem Expliziten aufzeigte, sind für ein tieferes wissenschaftliches Verständnis der Praxis sehr aufschlussreich: Öffnet sich das wissenschaftliche Selbstverständnis für dieses Angebot, dann könnten zum Beispiel introspektive Daten wie Erfahrungsberichte von Forschern intensiver in das wissenschaftliche Arbeiten miteinbezogen werden und als qualitätssichernde Maßnahme der Sozialforschung anerkannt werden. Gleichzeitig könnten komplexe Themenfelder der Ästhetik, der Kunst oder der Ethik einfacher erschlossen werden.

Es wurde bereits darauf hingewiesen, dass das Implizite nur in Aktion, also in einer Performanzsituation dargestellt und sichtbar gemacht werden könne. Für das konkrete Erkenntnisinteresse dieses Buches hätte diese Prämisse bedeutet, dass die Performanzsituation des Erzählkünstlers die Eingangstür zum Verständnis des Forschungsobjekts darstellte – und *nicht* meine Interviews mit den erfahrenden Erzählerinnen und Erzählern und den Experten der Erzählkunst, deren Ergebnisse in Kapitel 3 zusammengefasst sind.

In anderen Worten: Nicht der Erzählkünstler sollte untersucht werden, sondern der erzählerische Akt, beispielsweise durch die Auswertung von Videoaufzeichnungen von Erzählkunstveranstaltungen. Dem standen aber Hindernisse im Wege: Zum einen existierten nicht viele ihrer Qualität nach brauchbare Videoaufzeichnungen, und zum anderen müssten dieselben parallel zwei Einstellungen liefern:

den Künstler und das Publikum. Dies wäre notwendig, da ein Abhängigkeitsverhältnis, ein Steuer-Regel-Mechanismus, zwischen Publikum und Erzähler zu vermuten ist. Des Weiteren liefert die Videoauswertung keine Einblicke in die vorgelagerten und hochgradig erfolgsrelevanten Prozessschritte der Erzählkunst: die Werkentstehung.

Hinzu kommt, dass es gilt, nicht ein von uns getrenntes Forschungsobjekt zu untersuchen, sondern uns selbst als Träger impliziten Erfahrungswissens zu sehen: Im vorliegenden Fall wäre ich, der Erzählkünstler Norbert Kober, ja selbst ein mögliches Untersuchungsobjekt in der Frage zur Könnerschaft mündlicher Erzählkunst. Nun bin ich es ja selbst, der performant ist, und dadurch ist implizites Erfahrungswissen ein Teil meiner Selbst, ein Teil meines Körpers, wenn man so will. Wenn dem so ist, so kann es von mir nicht gänzlich reflektiert werden. Polanyi brachte dazu den Vergleich mit dem Tragen einer Brille: Wir können mit einer Brille sehen und müssen uns auf sie verlassen. Wir können mit einer Brille aber nicht auf sie selbst schauen.

Somit stellt sich implizites Wissen als teilweise unkritisierbar dar, da uns zu ihm die notwendige Distanz fehlt. Gleichzeitig setzt die Möglichkeit der Kritik die Formulierbarkeit des zu Kritisierenden voraus. Diese beiden Bedingungen, Distanz und Formulierbarkeit, fehlen als Charakteristik beim impliziten Wissen.

Damit ist ein kritischer Problembereich angesprochen, der auf das bekannte Menon-Paradoxon verweist: »Und auf welche Weise willst du denn, mein Sokrates, die Untersuchung anstellen über einen Gegenstand, von dem du überhaupt nicht weißt, was er ist? Denn als wie beschaffen soll man sich denn ein Ding, das man überhaupt nicht kennt, vorstellen, um es zu untersuchen? Oder, lass auch den günstigen Fall eintreten, nämlich den, dass du es zufällig träfest, woran willst du denn erkennen, dass es das ist, was du ja nicht kanntest?« (Platon, 1993, S. 37).

Das Paradoxon besagt, dass es dem Menschen nicht möglich ist zu forschen, weder nach dem, was er weiß, noch nach dem, was er nicht weiß. Denn weder nach dem, was er weiß, wird er forschen, denn er weiß es ja, und wer in dieser Lage ist, bedarf keiner Nachforschung, noch nach dem, was er nicht weiß, denn er weiß ja gar nicht, wonach er forschen soll. Aber gerade die Bereiche der Sinnlichkeit und der nicht visuellen Sinneswahrnehmungen sind tragend beim Wissenszuwachs oder bei der Entdeckung von etwas Neuem.

Polanyi wandte sich gegen das Platonische Problemfindungsparadoxon. Ein Forschender benötige Vorahnungen, Intuitionen und einen Spürsinn für neue Probleme und noch nicht Entdecktes. Neues Wissen könne aber nicht einfach aus altem Wissen abgeleitet sein, weil es sonst nicht neu wäre. Es könne aber auch nicht wirklich neu und völlig fremd sein, weil es dann nie verstanden werde – also nicht anschlussfähig wäre. Deshalb könne der Prozess des Entdeckens sinnvollerweise so beschrieben werden: »Niemand kann etwas finden, wenn er nicht ›zuvor beschlossen‹ hat, was er suchen will. [...] Am Anfang steht immer eine geistige ›Spinnerei‹, an deren Herausbildung vieles mitwirkt: die Kultur der Epoche, der Stand der Disziplin, Einbildungskraft und Psychologie, also die Persönlichkeit des Forschers, die verfügbaren Informationen und Instrumente, die Intervention des Zufalls sowie die Anregungen und die Zensur des Unbewussten, die Blockierungen (Vesalio, der große Anatom, hatte keinen Blick für die weiblichen Geschlechtsorgane) oder hellseherische Träume.« (Giorgio Celli, zitiert nach Sexl, 1995, S. 31).

Polanyis Lösung des Problems, Neues zu entdecken, basierte auf der Auffassung, dass Entdecken nur aufgrund gemachter Erfahrungen möglich sei, auf die implizit zurückgegriffen werde. Er selbst war der Meinung, wenn alles Wissen explizit und artikulierbar wäre, dann wären Probleme nicht lösbar. Er war sogar überzeugt, dass es durchaus Sinn ergibt, »wenn wir zugestehen, dass wir ein implizites Vorwissen von noch unentdeckten Dingen haben können.« (Polanyi, 1985, S. 29).

## Verstehen und Übertragung von Wissen

Folgt man Polanyi, so kann keine menschliche Tätigkeit je vollständig in einem expliziten Regelwerk beschrieben werden, da implizites Wissen und implizite Verstehensleistung notwendigerweise überall beteiligt sind. Bei der Frage nach dem Verstehen aus der Sicht Polanyis beginnt dasselbe mit dem Vermögen, die Grenzen der Erklärbarkeit, die Explikation, des Wissens zu überwinden.

Am Beispiel der Fähigkeit eines Arztes, welcher eine Krankheit diagnostiziert, zeige sich, dass »praktische Fertigkeiten und praktische Erfahrung viel mehr Information enthalten als Menschen, die dieses Expertenwissen besitzen, je vermitteln können.« (Polanyi, 1959, S. 33). Die Fertigkeit und Fähigkeit, eine Diagnose zu erstellen, sei eine Syntheseleistung, bei der alle wahrnehmbaren Einzelheiten des Patienten auf einen Fokus hin verschmolzen werden. Deshalb könne kein Krankheitsbild vollständig in einem medizinischen Nachschlagewerk erfasst werden. Erst die Anwendung der expliziten Beschreibungen durch einen »guten« Mediziner mache es möglich, dass das Spezifische eines Krankheitsbildes erkannt werde. Dies gelinge, indem der Mediziner sein Wissen und seine langjährigen Erfahrungen versteht und richtig deutet – ohne dass er diese ausformulieren könne. Polanyi schrieb hierzu: »Das Wissen um eine Krankheit ist doppelt unspezifizierbar. (1) Wir können eine große Zahl der Einzelheiten, die wir tatsächlich registrieren, wenn wir einen Krankheitsfall diagnostizieren, nicht identifizieren, geschweige denn beschreiben. (2) Obwohl wir einen Krankheitsfall anhand ihrer typischen Erscheinungen identifizieren können, können wir sie nicht angemessen beschreiben, und dafür gibt es vier eng verwandte Gründe. (a) Wir kennen (gemäß 1) die unspezifizierbaren Einzelheiten nicht, die in die Beschreibung eingehen würden. (b) Die Beziehung zwischen den Einzelheiten – selbst, wenn sie alle identifiziert werden könnten – könnte nur in vagen Begriffen beschrieben werden, die nur der Experte verstehen würde. (c) Unsere Identifikation einer Krankheit in jedem einzelnen Fall schließt als ihre Einzelheiten die gesamte Reihe von Fällen ein, die wir, trotz ihrer individuellen Unterschiede, in der Vergangenheit identifiziert haben, und (d) ist auf diese Einbeziehung hinsichtlich der zukünftigen Identifikation einer unbegrenzten Zahl weiterer Fälle, die sich von den zuvor bekannten in einer unendlichen Zahl unerwarteter Weise unterscheiden können, angewiesen. Dies ist ihre heuristische Funktion.« (Polanyi, 1969, S. 132).

Auch bei den Grenzen der Explizierbarkeit von Könnerschaft der Erzählkunst spielen die impliziten Kräfte eine entscheidende Rolle. In der Beschreibung des impliziten Wissens wurden die Explikationshindernisse bereits hervorgehoben, aber wenn implizites Wissen zum großen Teil unformulierbar ist und nicht in expliziten Kanälen (Schrift, Sprache) benutzt werden kann, wie kann dann Wissen übertragen werden?

Polanyi griff zur Beantwortung dieser Frage nach der Übertragbarkeit von Wissen auf die Meister-Lehrling-Beziehung und dem besonderen Verhältnis zwischen Lehrenden und Lernenden zurück: Implizites Wissen könne nur über eigene Erfahrung erworben werden, wobei der Lernakt ebenso implizit bliebe, denn im Handeln selbst seien Regeln verkörpert, die eine explizite Beschreibung nicht zu vermitteln vermag. Dies gelte für alle Handlungsakte, seien dies nun motorische Fähigkeiten, handwerkliche Fertigkeiten, künstlerische Ausdrücke oder alle Formen des praktischen Wissens oder des Denkens.

Bei der Weitergabe von Wissen spielten für Polanyi besonders die Faktoren des persönlichen Kontakts während des Wissenstransfer, die Überwindung der logischen Lücke und die Anerkenntnis der Autorität der Lehrenden eine besondere Rolle.

Zum persönlichen Kontakt beim Wissenstransfer meinte Polanyi: »Eine Kunstfertigkeit, die nicht im Detail spezifiziert werden kann, kann nicht durch ein Rezept weitergegeben werden, weil kein Rezept für sie existiert. Sie kann vom Meister an den Schüler nur durch das Beispiel weitergegeben werden. Damit wird die Reichweite der Verbreitung auf die Reichweite persönlicher Kontakte eingeschränkt und wir stellen entsprechend fest, dass handwerkliches Können, tendenziell in eng begrenzten lokalen Traditionen lebendig bleibt. [...] Daraus folgt, dass eine Kunstfertigkeit, die über eine Generation hinweg außer Gebrauch gekommen ist, völlig abhandenkommt.« (Polanyi, 1958, S. 53). – Ein Schicksal, das anhand des vollkommenen Verlustes der Traditionslinien mitteleuropäischer mündlicher Erzählkultur exemplarisch darstellbar ist.

Zeitgenössische Erzählerinnen und Erzähler stehen vor der Aufgabe, ihre Könnerschaft ohne Kenntnis der Kunstfertigkeit vergangener Generationen zu erwerben. Das Mittel der Wahl ist, die Könnerschaft in der Performanzsituation durch selbstständiges Versuch-und--Irrtum-Verfahren zu testen und durch das Zusehen und Beobachten anderer Erzähler – vielleicht in einem Mentoringprogramm im Rahmen der Ausbildung? – zu imitieren bzw. sich deren körperliche Ausdrucksweisen einzuverleiben.

Eine weitere Aufgabe der Lernenden beim Verstehen liegt in der Überwindung jener logischen Lücke, die der Lehrende durch Erklärung nicht zu schließen vermag. Allein durch das sich Einfühlen und wohlbegründete Vermutungen – im Englischen »educated guess« genannt – kann diese Lücke geschlossen werden. So meinte Polanyi: »Ein Novize, der die Fertigkeit eines Lehrers zu verstehen versucht, wird versuchen, seine Bewegungen mental zu jenem Muster zu kombinieren, zu dem der Lehrer sie praktisch kombiniert. Durch solch explorative Einfühlung erwirbt der Novize das Gefühl für die Fertigkeit des Lehrers. [...] Wir erfahren den Geist eines Menschen als die vereinte Bedeutung seiner Handlungen, indem wir uns von außen in seine Handlungen einfühlen.« (Polanyi, 1969, S. 152).

Einfühlung (und Vermutung) stellen eine implizite Integration dar, so Polanyi, wobei die Aufgabe der Lernenden darin bestehe, nicht auf die Handlungen der Lehrenden zu blicken, sondern von ihnen auf ihr organisierendes Zentrum zu schließen, denn der Lernende könne unterstellen, dass er es mit einem koordinierten Vorgehen zu tun habe (Polanyi, 1985, S. 34ff.).

Das Meister-Lehrling-Verhältnis erfordere aber nicht nur die Leistung des Einfühlens bzw. der Vermutung, sondern auch das Vertrauen in die Autorität der Lehrenden und in die von der handwerklichen, religiösen, wissenschaftlichen oder künstlerischen Tradition vermittelten Methoden und Problemstellungen, deren Darstellung den Rahmen dieser Arbeit an dieser Stelle sprengen würde.

Polanyi meinte dazu, dass eine Gesellschaft oder ein Volk, eine ethnische Gruppe usw., die einen Fundus persönlichen Wissens bewahren möchte, ihrer eigenen Tradition gehorchen müsse. Anders gesagt: Will ein Meister eine wissenschaftliche oder künstlerische Tradition oder eine Gesellschaft ihren Fundus von Wissen bewahren, müssen sie sich dieser Form der Übertragung von Wissen unterwerfen. (Polanyi, 1958, S. 53).

Natürlich darf dieses Sich-Unterwerfen nicht so verstanden werden, dass Lernen und Verstehen ein unkritischer Akt ist oder sein soll. Polanyi machte auf dieses mögliche Missverständnis aufmerksam und stellte klar: »Ich will den Traditionalismus nicht wieder um eines Dogmas willen starkmachen. Wer das Vertrauen in eine Autorität als unentbehrlich für die Weitergabe der menschlichen Kultur betrachtet – und dieser Ansicht bin ich –, der fordert damit noch nicht die Unterwerfung unter eine religiöse Autorität.« (Polanyi, 1985, S. 59).

Auch ich meine: Wissen und das Vertrauen in dieses Wissen gründen sich auf stets veränderbare Rahmenbedingungen.

## Kunstfertigkeit

Kunstfertigkeiten umfassten für Polanyi sowohl die Erfahrenheit und die mit ihnen verbundenen verschiedenen Formen des praktischen Handelns als auch künstlerische, handwerkliche und intellektuelle Fertigkeiten sowie die Sprechfertigkeit. Er meinte: »Eine geübte [kunstfertige] Handlung koordiniert eine unspezifizierbare Reihe von Mitteln zur Erreichung ihres Zweckes.« (Skills and Connaisseurship, Polanyi, 1952, S. 393, zitiert nach Neuweg, 2001, S. 177)

Überträgt man diese Definition auf den etablierten Kulturbetrieb, so bedarf der Kulturkritiker des Kennerblickes und der Künstler der Kunstfertigkeit.

Bei einer Kunstfertigkeit kann besonders gut die Struktur des impliziten Wissens nachgezeichnet werden, denn bei einer zielbezogenen Handlung stellt sich eine strukturelle Veränderung ein, »die durch eine wiederholte mentale Anstrengung erreicht wird, die auf die Instrumentalisierung bestimmter Dinge und Handlungen im Dienste eines Zweckes abzielt.« (Polanyi, 1958, S. 62).

Um Fertigkeiten besser zu verstehen, möchte ich betonen, dass bei zielgerichteten Handlungen das Zusammenspiel von Hintergrundbewusstsein und Fokalbewusstsein eine wichtige Rolle spielt, und dass die wahrgenommenen Objekte oder Instrumente, auf denen unsere Aufmerksamkeit ruht, uns nicht weniger, sondern anders bewusst sind. Diese ›Von-zu-Struktur‹ im Akt des impliziten Wissens sah Polanyi in allen körperlichen und motorischen Fertigkeiten, die scheinbar unbewusst ablaufen: vom Eine-Straße-Entlanggehen bis zum Seiltanzen, vom Tennisspielen oder Klavierspielen bis zum Knüpfen eines Knotens oder dem Einschlagen eines Nagels.

Körperliche oder praktische Fertigkeiten können somit auch betrachtet werden als ein »[...] motorisches Verhaltensmuster, das willentlich ausgeführt wird und in den besonderen charakteristischen Fällen geleitet ist durch gespannte Aufmerksamkeit auf ein dem Handelnden wohlbekanntes Ziel.« (Skills and Connaisseurship, Polanyi, 1952, S. 382, zitiert nach Neuweg, 2001, S. 179)

In der Ausführung einer Fertigkeit kommt es zu komplexen Integrationsleistungen, die also *nicht bewusst* ablaufen. Am Beispiel des Gehens und des dazugehörigen Gleichgewichtssinnes ist zu sehen, dass hier »elementare muskuläre Leistungen, die wir nicht zu identifizieren mögen, gemäß Beziehungen, die wir nicht definieren können« (Polanyi, 1985, S. 17) verbunden werden.

Für das Umsetzen von Fertigkeiten sind als Rahmenbedingungen einerseits eine aufmerksame Konzentration und andererseits ein Gewährenlassen und die damit verbundene Gelassenheit notwendig.

## Geschehenlassen und Gelassenheit

Der Könner weiß bei seinem Tun, dass seine Syntheseleistung nicht erzwungen werden kann. Deshalb handelt er aus einer »neutral-aktiv-passiv-Haltung« heraus, in der alle Glieder in gleicher Weise, gleichermaßen mit schwebendem Akzent, im Auge behalten werden, um sich dann in einer ganz bestimmten, schwer beschreibbaren Weise im Können zu entfalten.

Polanyi sprach in seinen strukturellen Erklärungen vom »Sich-Verlassen« – auch vom »Sich-Verlassen-Müssen« – auf das Gewahrwerden der Integration von Merkmalen. Dieses »Sich-darauf-Verlassen«, dass in der Performanzsituation die Integration einer »unspezifizierbare[n] Reihe von Mitteln« (Polanyi, 1952, S. 393) zur Sichtbarwerdung einer Könnerschaft stattfindet, hat eine Parallele in der Antike: Im antiken Kunst und Künstlerverständnis ging man davon aus, dass der Künstler darauf vertrauen muss, dass eine göttliche Instanz ihn als Medium benutzt, um durch ihn in ihrer Schönheit sichtbar zu werden.

Kurz: Jede implizite Integration setzt für das Geschehenlassen des Könnens eine gewisse Selbstsicherheit, Gemütsruhe und zuversichtliche Grundstimmung des Könners voraus, damit die Integrationsleistung gelingen kann. Der Weg zum Vertrauen in das Geschehenlassen liegt, so Polanyi, im Üben und in der automatisierenden Wirkung der vielmaligen Wiederholungen, die dem Übenden bestätigen, dass er sich darauf verlassen kann, dass das zu erwartende Können geschehen wird.

Für das Ausführen einer zielbezogenen Handlung, einer Kunstfertigkeit oder das Demonstrieren des Kennerblickes ist das Prinzip des Sich-Verlassen-Müssens ebenso von besonderer Wichtigkeit wie das grundlegende Merkmal der Gelassenheit.

Das Prinzip der Gelassenheit wird vom deutschen Psychologen und emeritierten Arbeitswissenschaftler an der TU Berlin, Walter Volpert, beschrieben als »ein Loslassen von Dingen, die ich anspannend festhalte; eine vertrauensvollgelöste Befindlichkeit im Strom des Geschehens; ein Abgerücktsein von der Starrheit vorherrschenden Planens. […] Man lässt die Dinge sich ereignen, ohne sie zwingen oder bewältigen zu wollen.« (Volpert, zitiert nach Neuweg, 2001, S. 201).

Die Beschreibung erinnert in ihrem Inhalt sehr an die buddhistische Vorstellung der »Geschicklichkeit in der Methode«, wodurch sich die Paradoxie vielleicht verstehen lässt: »Wer bei der Sache sein will, darf nicht außer sich sein. Festhalten geschieht durch Loslassen. – Je stärker wir auf das Element fokussieren, um das Ganze zu bekommen, desto eher entzieht es sich uns.« (Neuweg, 2001, S. 201).

»Geschicklichkeit in der Methode«, beschrieben in einem buddhistischen Kontext, erklärt auch eine ethische Dimension der Gelassenheit: Der Schüler übt und meidet unheilsame Handlungen. Konzentriert auf sein ethisches Können, bewirken diese Übungen zur Entwicklung der Geschicklichkeit letzten Endes, dass alle egozentrischen Gewohnheiten beseitigt werden, sodass der Übende den Zustand der Weisheit (oder: den Zustand der Geschicklichkeit) verwirklichen kann, woraus sein mitfühlendes Handeln direkt und spontan erwächst.

Das Verhältnis von Weg (Üben) und Zustand (Könnerschaft) der Geschicklichkeit kann aus der Perspektive der Vergegenwärtigung so verstanden werden, dass die Könnerschaft kein Ziel ist, das in weiter Ferne außerhalb von uns selbst liegt, sondern es liegt in uns, und es ist im Kommen. Weil aber das Können selbst noch in seiner Anfänglichkeit ruht und oftmals zurückbleibt, ist das Üben notwendig. Üben ist in seiner Wirkung gleichzeitig ein Stärken der Kräfte, welche das Können hervortreten lassen (vgl. Varela & Thompson, 1992, S. 339ff.).

Der Prozess, die Dynamik und das Verhältnis innerhalb der Geschicklichkeit wurden vom Kognitionswissenschaftler Francesco Varela so verstanden: »[...] als sei man schon mit dem Können des Geigespielens geboren und übe nur, um jene Gewohnheiten zu beseitigen, die einen Ausdruck dieser Virtuosität verhindern.« (Varela & Thompson, 1992, S. 340).

Für den Könner gibt es Rahmenbedingungen, die ein Geschehenlassen und die Gelassenheit in der Geschicklichkeit verhindern können. Unter anderem sind dies Stress oder jegliche Form von Befangenheit.

## Imagination und Intuition

In der Praxis bin ich häufig mit dem Phänomen konfrontiert, dass Erzählstudenten vor einem Videofeedback (Rückmeldungen im Anschluss an Videoaufnahmen) angeben, wie sie eine im Vorfeld vorbereitete Geschichte erzählen wollen, worauf sie achten werden und welche Wirkung sie zu erzielen hoffen. In der Performanzsituation jedoch geschieht oftmals etwas vollkommen anderes. Auf die Frage, wie dies denn sein könne, antworten sie meist, dass es sich »im Erzählen« einfach so »entwickelt« habe, und dass sie selbst »tatsächlich überrascht« seien.

Für mich liegt der Verdacht nahe, dass der Trainingsteilnehmer vor dem Videofeedback explizites Wissen und Ziele formulieren konnte, in der Performanzsituation allerdings, vor allem dann, wenn ein Flow-Erlebnis zustande kam, implizites Wissen im Zusammenspiel mit expliziten Wünschen und Intentionen als Können zutage trat. Ein Flow-Erlebnis beschreibt während einer Performanzsituation ein Bewusstseinszustand, bei der eine Handlung »wie von allein« aus der anderen folgt. Imagination und Intuition spielen dabei eine Rolle.

Georg Hans Neuweg, Universitätsprofessor in Linz und an der dortigen Johannes-Keppler-Universität Leiter der Abteilung für Wirtschafts- und Berufspädagogik, sagte über Imagination und Intuition: »Es muss demnach eine synthetisierende Kraft im Subjekt postuliert werden, die dem Gegebenen gleichsam vorauseilt, um von dem so erreichten Punkt her rückwirkend die Teile zu interpretieren. Unmittelbar einsichtig ist das für die Fälle praktischen impliziten Wissens: Selbstverständlich greift die Intention voraus auf noch nicht implementierte Subsidien. Und so wie das Gestalterfassen etwas unkonkret Vorwegnehmendes hat, das dann die rechte Interpretation der Einzelheiten steuert, ja manchmal tatsächlich einfügt, so ist auch die intentionale Vorwegnahme des Tuns diffus, unfundiert, sodass der Gesamtablauf erst im Durchlaufen elaboriert wird und wir währenddessen oder nachher oft tatsächlich überrascht sind von der Operationenkette, die wir durchlaufen haben.« (Neuweg, 2001, S. 206).

Imagination und Intuition sind Aspekte im Wahrnehmungsgeschehen, die die von Polanyi postulierte Prämisse, dass das Subjekt aktiv am Ablauf der impliziten Triade »Vertrauen, Anerkenntnis, Einfühlung« beteiligt ist, vordergründig untergräbt. Im Handlungsverlauf verlässt sich das Subjekt darauf, die Ganzheit mit seinen Teilen zu verstehen, damit es sein Handlungsziel erreichen kann. Die Einzelheiten werden nicht fokussiert oder bewusst interpretiert, sie werden, wie es scheint, von selbst bedeutungsvoll. Fertigkeiten und Können vollziehen sich somit mehr von selbst, als dass sie vollzogen werden: »Die Integration also ist einerseits veranlasst, andererseits aber widerfährt sie dem Subjekt – es ist Akteur und System zugleich. Am deutlichsten wird dies sichtbar am Prozess der wissenschaftlichen

Entdeckung: Wir machen sie, und doch überrascht sie uns.« (Neuweg, 2001, S. 206).

Demnach sind Imagination und Intuition am Geschehen der impliziten Integration beteiligte Kräfte. Unterscheidbar sind beide nach ihrem inneren Moment der Aktivität und der Passivität. Die Imagination funktioniert mehr als aktives, antizipierendes Moment, das im mehr oder weniger angestrengten Vorgriff auf das zu erkennende Ganze liegt. Die Intuition hingegen als unmittelbares, nicht diskursives, nicht auf Reflexion beruhendes plötzlich ahnendes Erfassen beruht auf einem passiven, integrativen Moment, welches als Ereignis im Hintergrundbewusstsein verstanden wird, das man einfach geschehen lassen muss (vgl. Neuweg, 2001, S. 206).

Sowohl der aktive als auch der passive Aspekt in einem Wahrnehmungsgefüge sind Teil der impliziten Integration. Durch ihr Zusammenspiel lässt sich die Dynamik des impliziten Wissens erkennen.

Zur literarischen Beschreibung, was mit dieser Dynamik und dem oben beschriebenen Geschehenlassen gemeint ist, schließe ich mit einem Zitat von Johann Wolfgang von Goethe: »Schauen, Wissen, Ahnen und Glauben und wie die Füllhörner alle heißen, mit denen der Mensch ins Universum tastet, müssen denn doch eigentlich zusammenwirken.« (Goethe, 2000, S. 219).

## Ahnungen

Ahnungen sind uns Menschen nichts Fremdes, auch wenn sie unangemeldet in verschiedenen Lebenslagen auftreten oder uns mitunter beschleichen. Allein im Dunkeln ahnen wir Gefahren, aber genauso ahnen wir das Reifen einer Idee und die Lösung eines Problems.

Ahnungen kennen wir durch unsere körperliche Verfasstheit mittels Gefühlen und Stimmungen und durch unser semantisches vorgriffssensibles Bewusstsein, durch welches sie auftreten können. Ahnungen sind eigentümliche Zustände unseres Wahrnehmungsgeschehens, denn sie verfügen über einen erkenntnishaften Vorgriffscharakter, über eine Eigenmächtigkeit der Ankunft und über vage Hinweise auf etwas, was rational noch nicht zugänglich ist, sogar erkenntnishaft noch gesättigt werden muss. Wolfram Hogrebe schreibt hierzu: »Wenngleich wir nicht unvorbereitet dafür sind, dass sie sich einstellen, sind doch immer sie es, die es tun, sie stellen sich ein, ebenso wie Gedanken und Ideen, die uns kommen.« (Hogrebe, 1996, S. 14).

Ahnungen sind, so Hogrebe, ein eigenmächtiges und unmittelbares erkenntnishaftes Geschehen, und ebenso wie Intuitionen stellen sie sich nur ein, wenn wir ihre Eigendynamik akzeptieren und uns ihnen als »neutralaktivpassiv[es] Medium« bereitstellen (1996, S. 14).

Im Unterschied zu den oben beschriebenen Intuitionen kommen bei Ahnungen Gedanken nicht plötzlich, sondern erst ganz allmählich zum Vorschein. Sie sind weder reine Handlungen noch reine Ereignisse. Sie sind die Fähigkeit und der Raum für »werdendes Wissen«, denn sie lassen das Reifen oder Dämmern eines Gedankens zu (vgl. Hogrebe, 1996, S. 24).

Für viele Ahnungen gilt, dass es sich bei ihnen um »Präsenzresonanzen« (Hogrebe, 1996, S. 14) handelt. Sie geben uns Auskunft von etwas, das hinter dem Wahrnehmungsschleier präsent ist. Unsere Ahnungen lassen uns mit der Präsenz von etwas rechnen, über dessen Existenz wir uns dennoch täuschen können. Durch Ahnungen können Präsenz und Existenz auseinandertreten oder zusammenfallen: »Sie ahnte, dass das Ereignis x eintreten würde.«

Eine Ahnung zu haben, bedeutet also: Das, was ist, war oder sein wird, meldet sich an über einen womöglich noch undeutlichen Gedanken, der meist noch überprüft werden muss. Ahnungen haben bei ihrem Auftreten das Ziel vor Augen, Erkenntnis hervorzurufen, aber die Realität muss dafür sorgen, dass es auch erreicht wird, denn inhaltlich sind Ahnungen leer.

Wer Ahnungen in Wissen überführen und den Schleier des Nichtwissens zerreißen will, um Gewissheit zu erlangen, der überprüft, ob die bloß geahnte Präsenz auch durch die faktische Existenz gedeckt ist. In den häufigsten Fällen unseres Lebens fordern wir auch diese

Überprüfung von Ahnungen, zum Beispiel bei der Ermittlungstätigkeit der Polizei.

Unter darstellenden Künstlern wird des Öfteren über die Diskrepanz zwischen Veranstalterangaben und der eigenen Ahnung in Bezug auf die Zusammensetzung des Publikums thematisiert. Diese Erzählungen verlaufen meist so oder so ähnlich: »Also ich wusste ja genau, worauf ich mich da einlasse, aber fünf Minuten, bevor ich auf die Bühne trat, habe ich nochmals mein gesamtes Abendprogramm geändert. Ich ahnte, dass ich sonst scheitern würde!«

Ahnungen können als mächtige Kräfte in unserem Wahrnehmungsgeschehen wirken. Trotz ihrer kurzen Lebensdauer – sobald sie Wirklichkeit geworden sind, lösen sie sich auf – sind sie Dienstleister für unser Wissen.

Unabhängig von der Tatsache, ob sie uns täuschen oder sich bestätigen, sie begleiten uns ständig. Sehr häufig treten sie in Zusammenhang mit Gefährdungen auf. Gewöhnlich richten wir auch viele unserer Alltagshandlungen nach dererlei Ahnungen aus, denn sie verschaffen uns einen Informationsvorsprung, der zugleich einen unter Umständen lebensrettenden Zeitvorsprung darstellt. »Obwohl ich merkte, dass er sich Mühe gab, mich von seinem Geschäftsvorhaben zu überzeugen, ahnte ich, dass er mich über den Tisch ziehen wollte.«

Typische Situationen, bei denen Ahnungen hilfreich sind, sind zum Beispiel Verkaufsgespräche, Verhandlungen oder unterschwellige

Bedrohungen. Ahnungen solcher Art und auch Auslegungsahnungen, die beispielsweise Mediziner bei ihren Krankheitsdiagnosen begleiten, sind sowohl stets personal als auch in hohem Maße an das Hintergrundwissen des Individuums gebunden. Das bedeutet: Kein Laie kann ahnen, dass ein trockenes Hüsteln nicht für eine Bronchitis, sondern für eine Grippe spricht, wenn er nicht über das entsprechende Fachwissen und medizinische Erfahrung verfügt.

Ahnungen stehen mit dem gut fundierten Expertenwissen in einem engen Wechselverhältnis. In diesem Wechselspiel kommt es jedoch nicht zu einem Konkurrenzverhältnis von Wissen und Ahnungen. Ahnungen, so Polanyi, unterstützen das Wissen und machen es in keiner Weise überflüssig. Ahnungen liefern bei ihrem Auftreten und beim Wahrnehmen der jeweiligen Person Informationsvorsprünge. Gerade im Forschungsprozess zeigt sich dieser Aspekt immer wieder, denn ein guter Forscher geht nicht allen denkmöglichen Hypothesen nach, sondern er arbeitet zeitsparend, indem er seinen Blick selektiv auf die erfolgversprechendsten Hypothesen richtet.

Diese Eigenheit des Problemlösens zeigt deutliche Unterschiede zu Laien oder Computern auf. Laien erkennen meist keine Hypothesen, da sie bei langwierigen induktiven Bemühungen die Übersicht verlieren. Sie achten noch auf einzelne Daten oder Symptome, wo der Experte schon die erklärende Theorie ahnt. Und ein Computer, dem die Fähigkeit zu ahnen gänzlich fehlt, erkennt im Gegensatz zum Laien zu viele Hypothesen, denn er errechnet unter Umständen Millionen von Möglichkeiten und nutzlose Alternativen, ohne zügig zu einem Erfolg versprechenden Ergebnis zu kommen.

Ahnungen stehen, so Hogrebe, immer am Anfang, vor zielgerichteten Gedanken. Sie sind vom feinen Sinn für Plausibilität begleitet, sodass sie zu einer expertenhaften Abkürzungskultur für Könnerschaft beitragen: »Ahnungen beschleunigen unser Geschäft mit Informationen umzugehen, sie helfen uns, die Übersicht zu behalten und in gewissen Situationen mit heiler Haut davonzukommen.« (Hogrebe, 1996, S. 21).

Ahnungen sind in ihrer Funktion richtungsweisend, weil sie es sind, die uns gelegentlich in einer Situation schon skeptisch werden lassen, in der wir noch kein Argument für unsere Zweifel haben, aber sie können auch falsch sein. Niemand kann seinen eigenen Ahnungen auf den Grund gehen, daher können wir genauso wenig jemanden für seine Ahnungen zur Rechenschaft ziehen. Hinter sie kann erkenntnistheoretisch nicht zurückgegangen werden. Sie scheinen Quellen zu sein, die aus verborgenen Erfahrungen kommen. Sollte dies so sein, dann würde folgendes Bonmot von Konfuzius wohl einer Überarbeitung bedürfen: »Die Erfahrung ist wie eine Laterne im Rücken; sie beleuchtet stets nur das Stück Weg, das wir bereits hinter uns haben.«

Die Ahnung könnte so etwas wie das Streulicht der beschriebenen Laterne sein. Ahnungen stehen ständig im Dienste des Wahrnehmens, Denkens und der kritischen Auseinandersetzung mit beiden.

Der allgemeine Nutzen von Ahnungen liegt in ihrer Unverzichtbarkeit, denn sie sind in der Lage, dem Forschungs und Wissensprozess eine Gerichtetheit zu geben, welcher darüber hinaus meist sehr plausibel ist. So sind Ahnungen ihrer Natur nach Dienstleister, die für sich selbst nicht in Anspruch nehmen, Wissen oder Können zu verdrängen. Im Gegenteil hat sich Wissen eingestellt, lösen sich Ahnungen auf beziehungsweise greifen auf Neues, Zukünftiges vor.

# Schlusswort

Erzählkunst ist die unmittelbarste Kunstform. Der Erzähler ist zuerst ein Beziehungssuchender und erst in zweiter Linie performanzorientiert. Der moderne Erzählkünstler sollte sich seines, man erlaube mir in diesem Zusammenhang einen betriebswirtschaftlichen Terminus, »komparativen Wettbewerbsvorteils« bewusst sein

Dieser liegt darin begründet, dass der Erzähler der einzig darstellende Kunstschaffende ist, der unmittelbar und direkt mit seinem Publikum, ihm in die Augen blickend, seine Kunst lichtet und daher die Konkurrenz anderer Kultur, Kunst und Medienausdrücke nicht scheuen muss: »Wie viele Sinne sie auch anzusprechen versuchen, wie raffiniert sie uns zu erzählen vermögen, Medien bleiben doch immer Medien: Sie schieben sich zwischen Erzähler und Zuhörer« (Merkel, 1982, S. 10).

Die Tendenz auf vielen großen Erzählkunstfestivals ist aber, und dies ist fatal, dass der Performanzleistung des Erzählers Vorrang vor seiner eigentlichen Bestimmung gegeben wird: gegenwärtig mit dem Publikum zu erzählen. Gegenwärtigkeit und Beziehungsfähigkeit sind zweifellos zentrale Erfolgskriterien des Erzählers.

Gemessen an Performanzkriterien wird die mündliche Erzählkunst im Wettbewerb mit den anderen darstellenden Künsten immer den Kürzeren ziehen: im Wettbewerb mit dem Improvisationstheater, dem Kabarett oder dem Film mit seiner erstaunlich farbigen Erzählleistung. Es spricht nichts dagegen, wenn der Erzählkünstler seine Auftritte mit Tanz, Musik und Schauspiel anreichert. Diese Anreicherung sollte aber den Stellenwert der Dekoration behalten und nicht zur Strategie avancieren, um etwa Mängel in der eigenen erzählerischen Könnerschaft zu kaschieren. Daher könnte man, eine Ergebnislinie dieser Arbeit zugrundelegend, ein altes Sprichwort bemühen: »Schuster, bleib bei deinen Leisten!« – Erzähler, wende dich deinem Publikum zu, und nicht deinen darstellenden, performanzorientierten Sehnsüchten.

Des Weiteren wurden in dieser Arbeit die stillen Prozesse der Werkentstehung und das damit in Verbindung stehende Autorenprinzip ins rechte Licht gerückt, ich möchte fast sagen: wiederentdeckt.

Die Vorstellung, im Erzählkünstler ein bloßes Medium von Erzählstoffen zu sehen, ist verkürzt und für die Misere der Erzählkunst in der öffentlichen Wahrnehmung und für ihr erfolgloses Buhlen um Anerkennung im institutionellen Kulturbetrieb mitverantwortlich. Der englische Erzählkünstler Ben Haggarty hatte bereits in den Neunzigerjahren in seinem Aufsatz »Seeking out the voice of critics« die Kulturkritiker aufgerufen, die Erzählkunst in ihre Rezeption aufzunehmen – doch zugleich deren Antwort vorweggenommen, die ich im Folgenden in eigenen Worten wiedergebe: »Gern beobachten wir die Erzählkunst und ihre Entwicklung, aber erst, wenn Ihr Autoren und

Erzähler seid, oder zumindest Interpretatoren, aber solange Ihr nicht Fisch noch Fleisch seid, wissen wir mit Euch nichts anzufangen.«

Wie so oft liegt es an der Gruppe der Betroffenen, an ihrem Image Korrekturen einzuleiten. Und für den Erzählkünstler lautet die Aufgabe, Verantwortung für Stoffe zu übernehmen, das Autorenprinzip hochzuhalten und es mutig und beziehungsorientiert sichtbar zu machen.

Was brauchst du also als *blutiger Anfänger*? Zuerst brauchst du eine Geschichte, die du als »gut« erkennst. Die erzähle vor einem Publikum, indem du zuvor deine Stimme und Sprache kennenlernst. Dein Körper erzählt dabei mit! Und welche Einstellung hast du? Du willst für dein Publikum da sein!

Was brauchst du als *mutiger Fortgeschrittener*? Du kannst literarische Erzählstoffe nicht nur als »gut« erkennen, sondern sie auch für dein Publikum überarbeiten. Du passt zu deiner Geschichte und sie passt zu dir. Du machst Pausen und rhythmisierst deine Erzählung. Du erzählst sinnhaft und kannst mit deiner »Bühne« umgehen. Mit deinem Publikum baust du eine Beziehung auf.

Was brauchst du als *gewandter Könner*? Du entwickelst eigene Erzählstoffe, kannst episch und zugleich dramatisch erzählen und schlüpfst auch emotional in die Figuren der Geschichte. Mit deinem Publikum bist du in der Lage zu interagieren.

Und was brauchst du zuletzt als *glänzender Erzählkünstler*? Die Geschichte und du sind eins! Deine Sprache ist verfeinert und in ihr schwingt »Poesie«. Du bist »echt«!

*Nachwort von Rainer Wehse*

# »Wir sind ja alle Erzähler«

Lieber einen Freund verlieren als eine gute Pointe, soll einmal ein namhafter Satiriker gesagt haben. Und ich selbst warte seit Jahr und Tag darauf, meinem ärgsten Feind einmal auf dem Bahnsteig zu begegnen. Wenn er dann bemerkt: »Da können wir ja zusammen fahren«, werde ich vorbereitet schlagfertig antworten: »Ich fahr schon zusammen, wenn ich Dich nur sehe!«

Das Wort als wirkmächtiges Gut oder als Waffe. Seine Wertigkeit steht hier noch über der menschlichen Beziehung, ist aber bei perfektem Einsatz gleichzeitig unendliche Beglückung für den, der in und mit dem Wort lebt. Vielleicht auch sogar für den Zuhörer, der eine solche Szene anhören und goutieren darf. Aber um diese extremen Situationen oder verbalen Bosheiten geht es im vorliegenden Band von Norbert Kober gar nicht, wohl aber um Worte, zusammengestellt als Geschichten, und um das Glücklichsein in ihnen, mit ihnen. Und zwar erst einmal für den Zuhörer, dann aber auch für den Erzähler. »Nicht der aufrechte Gang [...] macht den Menschen zum Mensch, sondern die Sprache«, sagt Barry Sanders in seinem Buch ›Der Verlust der Sprachkultur‹ (Frankfurt/Main 1995, S. 13). Und er fährt fort: »Der Geschichtenerzähler [...] vermag [...] mit seinen Schilderungen den gesamten Bereich der menschlichen Vorstellungskraft auszumessen und Wegweisungen für die Fahrt aller Fahrten, die große Lebensreise, zu geben.« (S. 18)

Nur: Wie erreiche ich die bestmögliche Könnerschaft als Erzähler? Eben das ist Aufgabe und Ergebnis des vorliegenden Bandes. Wir alle sind ja Erzähler: Das fängt bereits nach dem morgendlichen Aufstehen an, wenn etwa berichtet wird, was man eben noch geträumt hat. Es setzt sich am Frühstückstisch fort, über den Arbeitsalltag und mit vielen Zwischenstufen bis hin zur Bettzeit mit einer Gute-Nacht-Geschichte für die Kinder. Die meisten Menschen reflektieren wenig bewusst über die Regeln und Wertigkeit dieses alltäglichen Erzählens. Würden sie doch! Denn dann könnten sie gegebenenfalls die Qualität verbessern und ihren Zuhörern weniger ermüdendes Blabla zumuten oder weniger überbordende bedeutungsschwangere Inhaltslosigkeit.

In diesem Buch geht es aber nicht um alltägliches Erzählen, sondern um die Stufen darüber: die kunstvolle Gestaltung einer eigenwertigen Geschichte. Und dabei gibt Kober dem modernen Erzähler Orientierung außerhalb der für das Mündliche bei uns fast abgerissenen Traditionen. Gleichzeitig scheint es, als wenn denkbare Überlieferungen wieder greifbar werden. Der Befund ›Empathiefähigkeit‹ zum Beispiel zeigt deutlich auf, dass der moderne (wie wohl auch der frühere) Erzähler immer mit seinem Publikum erzählt hat – und daraus seine Akzeptanz sichert. Auch zeugt der Befund ›Körperselbstverständlichkeit‹ davon, dass der Erzähler nicht ein gescheiterter Schauspieler ist, sondern ein im Vollzug handelnder Sprachkünstler – außerhalb jeder Choreografie und Dramaturgie. Das Werk deutet aber auch in die Zukunft des mündlichen Erzählens: Der Befund ›dramaturgische Sicherheit‹ ist unabdingbare Grundlage für das Autorenprinzip, ohne das moderne Erzähler nicht von der interessierten Öffentlichkeit wahrgenommen werden.

Man trainiert den Körper auf dem Sportplatz oder im Fitnessstudio. Man trainiert den Geist durch Bildung. Man trainiert das Gedächtnis, und, und, und ... Warum übt man dann nicht häufiger den Umgang mit der Sprache, besonders beim Erzählen, der wichtigsten aller menschlichen Kommunikationsmöglichkeiten? Gute Geschichten können geradezu magische Wirkung haben, vergleichbar mit der Sinnlichkeit qualitätsvoller Musik. Einen gelungenen Leitfaden für dieses Training bietet der vorliegende Band. Aber er ist mehr als nur das: gleichzeitig auch Aufarbeitung vorliegender Ergebnisse zum Thema. Herangezogen wurden die Ergebnisse von vielerlei Disziplinen: Volkskunde, Theaterwissenschaft, (Medien-) Pädagogik, Kommunikationswissenschaft.

Zu den beleuchteten Erzählsituationen gehören Rhetorik, (Improvisations-)Theater, Poetry Slam, Rezitation, Pädagogik, Kabarett, Musik. Also nicht nur eine ›Gebrauchsanweisung‹ für den zukünftigen Meistererzähler, sondern gleichzeitig auch Hintergrundforschung, mit eigenem Konzept und einem weiten, weiten Horizont. Geschrieben mit dem Engagement eines Menschen, der selbst ein brillanter Erzähler ist, nicht nur als Fleißaufgabe zum Erwerb eines akademischen Titels.

Aber Vorsicht! Mit dem Erzählen ist es wie mit dem Sport: Wenn ich die einhundert Meter zu Beginn nur in vierzehn Sekunden laufe, werde ich trotz allergrößter Übung die Zehn-Sekunden-Marke nie unterbieten können. Und wenn mir nicht eine entsprechende Anfangsbegabung in die Wiege gelegt ist, werde ich auch als Erzähler scheitern, oder allenfalls einen Achtungserfolg verbuchen können. – Nichts ist probater, als mit einem viel strapazierten Zitat des Meistererzählers Goethe zu enden: »Wenn ihr's nicht fühlt, ihr werdet's nicht erjagen.« Wie recht er hat!

Reichertshausen/Obb.

Rainer Wehse

# Literaturverzeichnis

Arnold, R. & Schüssler, I. (2001). Entwicklung des Kompetenzbegriffs und seine Bedeutung. In: G. Franke / Bundesinstitut für Berufsbildung (Hrsg.), Komplexität und Kompetenz. (S. 52–74). Bielefeld: Bertelsmann.

Baker, A. & Greene, E. (1977). Storytelling – art & technique. New York, London: Bowker.

Baesecke, J. (2002). Erzähltheater – Fragen an eine Form. In: H. Gerndt & K. Wardetzky (Hrsg.), Die Kunst des Erzählens, Festschrift für Walter Scherf. (S. 42–50). Potsdam: Verlag für Berlin-Brandenburg.

BarOn, R. (2000). Emotional and social intelligence. In: R. BarOn & J. Parker (Hrsg.), The handbook of emotional intelligence. San Francisco: JosseyBass.

Bates, E. & MacWhinney, B. (1987). Mechanism of Language Acquisition. Hillsdale/London: Lawrence Erlbaum Ass.

Bausinger, H. (1984). Alltägliches Erzählen. In: K. Ranke (Hrsg.), Enzyklopädie des Märchens. Handwörterbuch zur historischen und vergleichenden Erzählforschung, Bd. 1. Berlin/NY: Walter De Gruyter.

Becker, T. (2001). Kinder lernen erzählen. Baltmannsweiler: Schneider.

BeckerMrotzek, M. (1979). Mündliche Kommunikation in der Schule. In: M. BeckerMrotzek et al. (Hrsg.), Schreibentwicklung und Textproduktion. Wiesbaden: VSVerlag.

Benjamin, W. (1936). Der Erzähler. Betrachtungen zum Werk Nikolai Lesskows. In: W. Benjamin (Hrsg.), Illuminationen. Frankfurt/Main: Suhrkamp.

Benjamin, W. (2007). Erzählen – Schriften zur Theorie der Narration und zur literarischen Prosa. Frankfurt/Main: Suhrkamp.

Benner, P. (2000). Pflegeexperten. Pflegekompetenz. Klinisches Wissen und ethisches Wissen. Bern: Huber.

Bergknapp, A. (2007). Supervision und Organisation. Zur Logik von Beratungssystemen. Habilitation. Universität Augsburg.

Bohlinger, S. (2006). Von der Ganzheitlichkeit zur Kompetenzentwicklung. Stand und Perspektiven der Debatte um die Ziele beruflicher Bildung aus deutscher und europäischer Sicht. In: Die berufsbildende Schule (BbSch) 58 (6). (S. 154–158).

Böhm, A. (2003). Theoretisches Codieren. Textanalyse in der Grounded Theory. In: U. Flick u.a. (Hrsg.), Qualitative Forschung. Reinbeck bei Hamburg: Rowohlt.

Breuer, F. (1996). Qualitative Psychologie. Opladen.: Westdeutscher Verlag.

Brosis, H.B. & Koschel, F. (2001). Methoden der empirischen Kommunikationsforschung. Eine Einführung. Wiesbaden: Westdeutscher Verlag.

Buber, M. (2006). Die Erzählungen der Chassidim. München: Manesse.

Burzan, N. (2005). Quantitative Methoden der Sozialforschung. Eine Einführung für die Kulturwissenschaften. Hagen: Junior-Professur für Sozialstrukturanalyse und empirische Methoden. Fern-Universität Hagen.

Cassady, M. (1995). Creating stories for storytelling. San José, California: Resource.

Clark, B. (2003). Developing Personal Stories. In: K. Rydell (Hrsg.) A Beginner's Guide to Storytelling. (S. 21–24). Jonesborough: National Storytelling Press.

Claussen, C. (1993). Erzählen in der Grundschule. Arbeitspapier des hessischen Instituts für Lehrerfortbildung. Fuldatal: Reinhardswaldschule.

Claussen, C., Merkelbach, V. (1995). Erzählwerkstatt – Mündliches Erzählen. Braunschweig: Westermann.

Dailey, S. (1994). Putting the world in a nutshell. The art of the formula tale. N.Y.: Wilson.

Dégh, L. (1984). Erzählen, Erzähler. In: K. Ranke (Hrsg.), Enzyklopädie des Märchens. (S. 315–342). Berlin: Walter de Gruyter.

Denning, S. (2004). Storytelling in Organisations – How narrative and storytelling are transforming 21st century Management. N.Y.: Butterworth Heinemann.

Derungs, K. (1999). Die ursprünglichen Märchen der Brüder Grimm. Bern: edition amalia.

Dehn, M. (1986). Literarisches Erzählen – Erzählen im Alltag. In: Zeitschrift Grundschule 1/1986.

Dehn, M. & Warm, U. (1986). Grundschule Kolloquium – Erzählen Zuhören. In: Zeitschrift Grundschule 1/1986.

Dreyfus, S. & Dreyfus, H. (1988). Künstliche Intelligenz. Von den Grenzen der Denkmaschine und dem Wert der Intuition. Reinbeck bei Hamburg: Rowohlt.

Ducey, G. (2003). Choosing a Story. In: K. Rydell (Hrsg.), A Beginner's Guide to Storytelling. (S. 11–15). Jonesborough: National Storytelling Press.

Ehlich, K. (1980). Der Alltag des Erzählens. In K. Ehlich (Hrsg.), Erzählen im Alltag. Frankfurt/Main: Suhrkamp.

Ehlich, K. (1983). Alltägliches Erzählen. In W. Sanders & K. Wegenast (Hrsg.), Erzählen für Kinder – Erzählen von Gott. (S. 128–150). Stuttgart: Kohlhammer.

Ehlich, K. (1997). Alltagserzählung. In K. Weimar (Hrsg.), Reallexikon der deutschen Literaturwissenschaft, Bd. 1, A-G. Berlin: Walter De Gruyter.

Eliot, T. S. (1986). The Use of Poetry and the Use of Criticism. Harvard University Press.

Ellis, E. (2003). Dealing with stage fright. In: K. Rydell (Hrsg.) A Beginner's Guide to Storytelling. (S. 41–43). Jonesborough: National Storytelling Press.

Ernst, H. (2002). Ein neuer Blick auf das eigene Leben. In: Psychologie Heute, Heft 6. S. 20–26.

Erpenbeck, J. (1997). Selbstgesteuertes, selbstorganisiertes Lernen. In: Arbeitsgemeinschaft betrieblicher Weiterbildungsforschung. Projekt: QualifikationsEntwicklungsManagement (Hrsg.), Kompetenzentwicklung 1997. (S. 113–134). Münster: Waxmann.

Finnegan, R. (1967). Limba stories and story-telling. Oxford: Clarendon Press.

Flader, D. & Hurrelmann, B. (1984). Erzählen im Klassenzimmer – eine empirische Studie zum ›freien‹ Erzählen im Unterricht. In: K. Ehlich (Hrsg.), Erzählen in der Schule. Tübingen: Narr.

Flick, U. (2002). Qualitative Sozialforschung – Eine Einführung. Reinbek bei Hamburg: Rowohlts Enzyklopädie.

Flick, U. (1995). Qualitative Forschung. Theorie, Methoden, Anwendung in Psychologie und Sozialwissenschaft. Reinbek bei Hamburg: Rowohlt.

Flick, U. (2007). Qualitative Sozialforschung. Eine Einführung (vollst. überarb. u. erw. Aufl.). Reinbek bei Hamburg: Rowohlt.

Fromm, M. (1990). Zur Verbindung quantitativer und qualitativer Methoden. In: Pädagogische Rundschau, 44, S. 469–481.

Frommer, H. (1992). Erzählen – eine Didaktik für die Sekundarstufe I und II. Frankfurt: Cornelsen.

Fuchs, A. (1984). Erzählen in der Schule und spontanes Erzählen. In. K. Ehlich (Hrsg.), Erzählen in der Schule. Tübingen: Narr.

Galli, J. (1999). Dynamisches Erzählen. Galli Script. Freiburg: Galli Verlag.

Geisler, H. (1997). Storytelling Professionally. Colorado: Libraries Unlimited.

Gernet, J. (1979). Die chinesische Welt – von den Anfängen bis zur Jetztzeit. Frankfurt/Main: Suhrkamp.

Glaser, B. & Strauss, A. (1967). The discovery of Grounded Theory. Chicago: Aldine.

Gläser, J. & Laudel, G. (2006). Experteninterviews und qualitative Inhaltsanalyse (2., durchges. Aufl.). Wiesbaden: VS Verlag für Sozialwissenschaften.

Glazner, G. (2000). Poetry Slam: The Competitive Art of Performance Poetry. San Francisco: Manic D Press.

Goethe J.W. (2000). Werke. München: Deutscher Taschenbuch Verlag.

Goleman, D (1998). Working with emotional intelligence. San Francisco: Bantam.

Greenberg, B. (2003). Caring for your Instrument: The Voice. In: K. Rydell (Hrsg.), A Beginner's Guide to Storytelling. (S. 49–52). Jonesborough: National Storytelling Press.

Greul, H. (1967). Bretter, die die Zeit bedeuten – Die Kulturgeschichte des Kabaretts. Köln/Berlin: Kiepenheuer & Witsch.

Gruschka, H. (2008). Geschichten-Erfinderwerkstatt – Mit Kindern freies Erzählen üben. München: Don Bosco.

Gumbrecht, H.U. (1980). Erzählen in der Literatur – Erzählen im Alltag. In: K. Ehlich (Hrsg.), Erzählen im Alltag. Frankfurt/Main: Suhrkamp.

Gülich, E. (1980). Konventionelle Muster und kommunikative Funktionen von Alltagserzählungen. In K. Ehlich (Hrsg.), Erzählen im Alltag. Frankfurt/Main: Suhrkamp.

Haggarty, B. (1996). Seek out the voice of critic. In: M. Medlicott (Hrsg.), Oracle series, No. 2. London: Society for Storytelling.

Haiding, K. (1955). Von der Gebärdensprache der Märchenerzähler. In: FF Communications No. 155, Vol. LXIV. Helsinki: Helsinkin Liikekir.

Halbfas, H. (1985). Magister Narrans – der Lehrer als Erzähler. In: Zeitschrift Grundschule 1. Braunschweig: Westermann

Hamilton, M. & Weiss, M. (c1994). Storytelling, Speaking and Listening. In: The National Storytelling Association (Hrsg.), Tales as Tools (110–125). Jonesborough: National Storytelling Press.

Harley, B. (2003). Taming the Wild Beast: Family Audiences and Suvival. In: K. Rydell (Hrsg.), A Beginner's Guide to Storytelling. (S. 4349). Jonesborough: National Storytelling Press.

Hausendorf, H. & Wolf, D. (1998). Erzählentwicklung und -didaktik. Kognitions- und interaktionstheoretische Perspektiven. In: Der Deutschunterricht, 1, Einleitung.

Hempel, G. (2004). Volkserzähler werden. Frankfurt/Main: Nold.

Hogrebe, W. (1996). Ahnung und Erkenntnis. Frankfurt/Main: Suhrkamp.

Horn, K. (1983). Wandlung und Auflösung traditionellen Erzählgutes im heutigen Dorf. In: R. Wehse (Hrsg.) Märchenerzähler Erzählgemeinschaft. Kassel: Erich Röth.

Hurrelmann, B. (1986). Vorsicht vor der sogenannten „Schulerzählung". In: C. Claussen u.a. (Hrsg.), Sieben Statements: Erzählen ist nicht mechanisierbar. Fächer übergreifende und fachspezifische Aspekte. In: Zeitschrift Grundschule 1/1996.

Janning, J. (1983). Märchenerzählen: Lässt es sich lernen – kann man es lehren? In: R. Wehse (Hrsg.) Märchenerzähler Erzählgemeinschaft. Kassel: Erich Röth.

Johnstone, K. (2006). Improvisation und Theater. Berlin: Alexander.

Kahlert, J. (2005). Story Telling im Sachunterricht – Lernpotentiale von Geschichten. In: G. Reinmann (Hrsg.) Erfahrungswissen erzählbar machen – Narrative Ansätze für Wirtschaft und Schule. (S. 207–222). Lengerich: Papst.

Kauffeld, S. (2000). Das Kasseler-Kompetenz-Raster (KKR) zur Messung der berufl ichen Handlungskompetenz. In: E. Frieling, S. Kauffeld, S. Grote, H. Bernard (Hrsg), Flexibilität und Kompetenz: Schaffen flexible Unternehmen kompetente flexible Mitarbeiter? (S. 95–114). Edition Quem. Münster: Waxmann.

Kober, N. (2005). Die Förderung von Erzählkompetenz Erwachsener – Inhalte und Methoden. In: G. Reinmann (Hrsg.), Erfahrungswissen erzählbar machen – Narrative Ansätze für Wirtschaft und Schule. (S. 124–144). Lengerich: Papst.

KroeberRiel, W. & Weinberg, P. (2003). Konsumentenverhalten. München: Vahlen.

Kruse, O. (2002). Kunst und Technik des Erzählens - wie Sie das Leben zur Sprache bringen können. Frankfurt/Main: Zweitausendeins.

Kvideland, R. (1990). Nordic Folklore – Folklore in Translation. Indiana: University Press.

Labov, W. & Waletzky, J. (1973). Erzählanalsyse: Mündliche Versionen persönlicher Erfahrung. In: J. Ihwe (Hrsg.), Literaturwissenschaft und Linguistik. Bd. 2. (S. 78–126). Frankfurt/Main: Fischer.

Lamnek, S. (2005). Qualitative Sozialforschung (4., vollst. überarb. Aufl.). Weinheim: Beltz.

Lamnek, S. (1995). Qualitative Sozialforschung – Band II. München: Psychologie Verlags Union.

Lehmann, A. (1983). Erzählstruktur und Lebenslauf. Autobiographische Untersuchungen. Frankfurt/Main: Campus.

Létourneau, J. (2007). Die Selbst-Erzählung In: A. Mentzner et al. (Hrsg.), Die Welt der Geschichten – Kunst und Technik des Erzählens. Frankfurt/Main: Fischer.

Liddel, H. & Scott G. (1963). Abridged Greek Lexicon. Oxford University Press.

Loebbert, M. (2003). Storymanagement: Der narrative Ansatz für Management und Beratung. Stuttgart: KlettCotta.

Loya, O. (2003). My Story, your Story, whose Story? In: K. Rydell (Hrsg.), A Beginner's Guide to Storytelling. (S. 55–57). Jonesborough: National Storytelling Press.

LuciusHoene, G. (2005). Narrativität – Steht drauf was drin ist? http://www.asklepios.com/schaufling/AK_Schaufling/Veranstaltungen_Vortraege/ Zugriff vom 20.3.2008.

MacDonald, M. R. (1993). The story-tellers start-up book. Little Rock: August House.

MacDonald, M. R. (2003). After Telling – Evaluation. In: K. Rydell (Hrsg.), A Beginner's Guide to Storytelling. (S. 33–36). Jonesborough: National Storytelling Press.

Mayring, P. (2002). Einführung in die qualitative Sozialforschung. Eine Anleitung zu qualitativem Denken (5. Aufl.). Weinheim: Beltz.

Mayring, P. (2007). Qualitative Inhaltsanalyse. In U. Flick, E. v. Kardorff & I. Steinke (Hrsg.), Qualitative Forschung. Ein Handbuch. (S. 468–475). Reinbek bei Hamburg: Rowohlt.

Morrow, G. (2003). Taking care of the audience. In: K. Rydell (Hrsg.), A Beginner's Guide to Storytelling. (S. 24–27). Jonesborough: National Storytelling Press.

Mayer, J.D.; Caruso, D.R. & Salovey, P. (2000). Selecting a measure of emotional intelligence: The case for ability scales. In: R. BarOn (Ed.), The Handbook of Emotional Intelligence. (S. 320–342). San Francisco: JosseyBass.

Mayring, P. (2003). Qualitative Inhaltsanalyse. Grundlagen und Techniken. Weinheim und Basel: Beltz.

Mead, G. H. (1978). Geist, Identität und Gesellschaft. Frankfurt/Main: Suhrkamp.

Meng, K. (1988). Erzählen und Zuhören im Alltag. Skizze eines Kommunikationstyps. In: Linguistische Studien, Reihe A, Arbeitsberichte Nr. 181. (S. 1–68).

Merkel, J. & Nagel, M. (1982). Erzählen – die Wiederentdeckung einer vergessenen Kunst. Reinbeck bei Hamburg: Rowohlt.

Merkel, J. (1989). Die Braut im Brunnen. Kriminalgeschichten aus dem alten China. München: Weissmann.

Merkel, J. (2021). Sieh, damit wir sehen! Eine Geschichte des Geschichtenerzählens. Berlin: Der Erzählverlag

Merkelbach, V. & Claussen, C. (1995). Erzählwerkstatt – Mündliches Erzählen. Braunschweig: Westermann.

Merkelbach, V. (2003). Was alles erzählen heißt, wozu es gut ist und wie Kinder es lernen. In: C. Claussen & V. Merkelbach (Hrsg.), Erzählwerkstatt. Mündliches Erzählen. Braunschweig: Westermann.

Münch, W. (1995). Individuum und Gruppe in der Weiterbildung. Weinheim: Beltz.

Neuweg, G. H. (2001). Könnerschaft und implizites Wissen. Zur lehr- und lerntheoretischen Deutung der Erkenntnis- und Wissenstheorie Michael Polanyis. Münster: Waxmann (2. Auflage).

Nagel, M. (1982). Sieh, damit wir sehen! In: J. Merkel (Hrsg.), Erzählen – die Wiederentdeckung einer vergessenen Kunst. Reinbeck: Rowohlt.

Niele, C. (2003). Developing your Story. In: K. Rydell (Hrsg.), A Beginner's Guide to Storytelling. (S. 15–21). Jonesborough: National Storytelling Press.

Oehlmann, Ch. (2001). Einfach erzählen. Paderborn: Jungfermann.

Petzold, L. (1999). Zur Geschichte der Erzählforschung in Österreich. In: C. Schmitt (Hrsg.), Homo Narrans, Studien populärer Erzählkultur. Münster: Waxmann.

Piaget, J. (1976). Die Aquilibration der kognitiven Strukturen. Stuttgart: Klett.

Platon (1993). Menon oder über die Tugend. Hrsg. von O. Appelt. Hamburg: Felix Meiner Verlag.

Polanyi, M. (1958). Personal Knowledge. Towards a Post Critical Philosophy. Chicago: The University of Chicago Press.

Polanyi, M. (1959). The Study of Man. Lindsay Memorial Lectures. London: Routledge & Keagan.

Polanyi, M. (1969). Knowing and Being. Essays by Michael Polanyi. Edited by Marjorene Green. London: Routledge & Keagan.

Polanyi, M. (1985). Implizites Wissen. Frankfurt/Main: Suhrkamp

Pollock, F. (1955). Gruppenexperiment – ein Studienbericht. Frankfurt/Main: Europäische Verlagsgesellschaft.

Potthoff, U., SteckLüschow, A., Zitzke, E. (1996). Mündliche Leistung bewerten – aber wie? Beobachtungen und Bewertung von Gesprächsfähigkeit. In: Friedrich Verlag Jahresheft (S. 14–17).

Preckwitz, B. (2005). Spoken word und poetry slam: Kleine Schriften zur Interaktionsästhetik. Wien: Passagen Verlag.

Quasthoff, U. (1980). Erzählen in Gesprächen – Linguistische Untersuchungen zu Struktur und Funktionen am Beispiel einer Kommunikationsform des Alltags. Tübingen: Niemeyer.

Rath, R. (1981). Zur Legitimation und Einbettung von Erzählungen in Alltagsdialogen. In: Jahrbuch des Instituts für deutsche Sprache. (S. 265–286). Düsseldorf.

Rehnman, M. (2007). Die Kunst des Erzählens. In: H. Rost & J. Baesecke (Hrsg.), Höher als der Himmel – Tiefer als das Meer. Ein Erzähl- und Theaterwerkbuch. Frankfurt/Main: Nold.

Reinhardt, I. (2003). Storytelling in der Pädagogik – Eine Einführung in die Arbeit mit Geschichten. Stuttgart: Ibidem.

Reinmann, G. (2005). Einführungsaufsatz des Bandes: Erfahrungswissen erzählbar machen. Narrative Ansätze für Wirtschaft und Schule. Lengerich: Papst.

Reinmann, G. & Eppler M.J. (2008). Wissenswege – Methoden für das persönliche Wissensmanagement. Bern: Huber.

Rellstab, F. (1999). Wege zur Rolle – Handbuch Theaterspielen. Band 2. Reihe: SchauSpiel. Wädenswil: Stutz+Co.

Ricoeur, P. (1991). Zeit und Erzählung. Bd. III: Die erzählte Zeit. München: Fink.

Rodari, G. (1992). Grammatik der Phantasie. Leipzig: Reclam

Rohr, J. (2002). Geschichten erzählen – mündliche Tradition im Medienzeitalter. Website von Jascha Rohr – Zugriff vom 15. Februar 2005.

Rost, J. & Baesecke J. (2007). Höher als der Himmel – Tiefer als das Meer. Ein Erzähl- und Theaterwerkbuch. Frankfurt/M: Nold.

Rudelsberger, H. (1988). Altchinesische Liebeskomödien. München: Manesse.

Rydell, K. (2003). Where to get started. In: K. Rydell (Hrsg.) A Beginner's Guide to Storytelling. (S. 27–33). Jonesborough: National Storytelling Press.

Sauer, J. (2002). Das Forschungs- und Entwicklungsprogramm ›Lernkultur Kompetenzentwicklung‹. Entstehung – Ziele – Inhalte. In: P. Dehnbostel, U. Elsholz (Hrsg.), Vernetzte Kompetenzentwicklung. (S. 45–63). Berlin: Edition Sigma.

Sawyer, R. (1966). The way of the storyteller. London: The Bodley Head.

Schröder, I. W. / Voell, S. (2002). Moderne Oralität – Ethnologische Perspektiven auf die plurimediale Gegenwart. Bamberg: Curupira.

Seiffert, H. (1997). Einführung in die Wissenschaftstheorie. Band 4. München: Beck.

Seidel, R. (1988). Stand und Tendenzen der Entwicklung des Erzählenkönnens von Jugendlichen im Alter von 15 bis 20 Jahren – untersucht an schriftlichen Erlebniserzählungen. Diss: APW Berlin.

Sexl, M. (1995). Sprachlose Erfahrung? Michael Polanyis Erkenntnismodell und die Literaturwissenschaften. Frankfurt/Main: Peter Lang Verlag.

Schabert, I. (1978). Shakespeare-Handbuch – Die Zeit/Der Mensch/Das Werk/Die Nachwelt. Stuttgart: Alfred Kröner.

Schieder, B. (2003). Märchen machen Mut. München: Don Bosco.

Schimmel, N. (2003). Don't stand under the clock: Performance Tips. In: K. Rydell (Hrsg.), A Beginner's Guide to Storytelling. (S. 36–41). Jonesborough: National Storytelling Press.

Schmidt, J. (1982). De kann usen Härgott un'n Dübel aneenleigen – Mächenerzähler und ihre Zuhörer. In: J. Merkel (Hrsg.), Erzählen – die Wiederentdeckung einer vergessenen Kunst. Reinbeck bei Hamburg: Rowohlt.

Schröder, I. & Voell S. (2002). Moderne Oralität. Marburg: Förderverein Völkerkunde.

Schütze, F. (1982). Narrative Repräsentation kollektiver Schicksalsbetroffenheit. In: E. Lämmert (Hrsg.), Erzählforschung. Stuttgart: Metzler.

Schwarz, H. (2001). Märchen zum Mitmachen – Vorlesen Erzählen Singen. Weinheim: Beltz.

Shepard, A. (2003). What you need to know about Copyright Law. In: K. Rydell (Hrsg.), A Beginner's Guide to Storytelling. (S. 55–57). Jonesborough: National Storytelling Press.

Sonntag, K.H. & Schaper, N. (1992). Förderung beruflicher Handlungskompetenz. In: K.H. Sonntag (Hrsg.), Personalentwicklung in Organisationen. Göttingen: Hogrefe.

Staudt, E. & Kley, T. (2001). Formelles Lernen – informelles Lernen – Erfahrungslernen: Wo liegt der Schlüssel zur Kompetenzentwicklung von Fach- und Führungskräften? Eine kompetenzbiographische Studie beruflicher Innovationsprozesse (Berichte aus der angewandten Innovationsforschung Nr. 193). Bochum: IAI.

Steger, Th. (2003). Einführung in die qualitative Sozialforschung. Schriften zur Organisationswissenschaft 1. URL: http://www.tu-chemnitz.de/wirtschaft/bwl5/ forschung/ schriften/doc/lehr_Einf-qualSozialforschung.pdf (Zugriff vom 14.05.2008).

Steinke, I. (1999). Kriterien qualitativer Forschung. Ansätze zur Bewertung qualitativ-empirischer Sozialforschung. Weinheim: Juventa.

Steinlein, R. (1982). Vom geselligen Hörer zum einsamen Leser – Über die Verbürgerlichung mündlicher Erzählkommunikation. In: J. Merkel (Hrsg.), Erzählen – die Wiederentdeckung einer vergessenen Kunst. Reinbeck bei Hamburg: Rowohlt.

Steinwede, D. (1975). Werkstatt Erzählen – Anleitung zum Erzählen biblischer Geschichten. Münster: Comenius.

Strauss, A. (1991). Creating Sociological Awareness. New Brunswick: Transaction Publishers.

Strauss, A. & Corbin, J. (1990). Basics of Qualitative Research. Grounded Theory. Procedures and Techniques. Newbury Park: Sage.

Strauss, A. & Corbin J. (1996). Grounded Theory. Grundlagen qualitativer Sozialforschung. Weinheim: Psychologie Verlags Union.

Strübing, J. (2004). Grounded Theory. Zur sozialtheoretischen und epistemologischen Fundierung des Verfahrens der empirisch begründeten Theoriebildung. Wiesbaden: VS Verlag für Sozialwissenschaften.

Suchman, L. (1987). Plans and situated actions – The problems of human machine communication. Cambridge: Cambridge University Press.

Treumann, K. (1986). Zum Verhältnis qualitativer und quantitativer Forschung. Mit einem methodischen Ausblick auf neue Jugendstudien. In W. Heitmeyer (Hrsg.), Interdisziplinäre Jugendforschung. Fragestellungen, Problemlagen, Neuorientierungen. (S. 193–214). Weinheim: Juventa.

Tschirch, R. (1997). Biblische Geschichten erzählen. Stuttgart: Kohlhammer.

Tyler, W. F. (1984). Storytelling – A way of educating the whole person. California Inst. of integral Studies (Diss). San Francisco: Microfilms Internat.

Ueding, Gerd. (2000). Moderne Rhetorik: Von der Aufklärung bis zur Gegenwart. München: Beck.

Uffer, R. (1983). Von den letzten Erzählgemeinschaften in Mitteleuropa. In: R. Wehse (Hrsg.), Märchenerzähler Erzählgemeinschaft. Kassel: Erich Röth.

Varela F. & Thompson J. (1992). Der Mittlere Weg der Erkenntnis. Die Beziehung von Ich und Welt in der Kognitionswissenschaft. Der Brückenschlag zwischen wissenschaftlicher Theorie und menschlicher Erfahrung. München: Scherz.

Vogt, R. (1995). Was heißt Gesprächserziehung? Institutionelle Bedingungen von mündlicher Kommunikation (nicht nur) in der Sekundarstufe 1. In: Der Deutschunterricht, 1. (S.43–53).

Wardetzky, K. (2002). Erzähler spielen oder Erzähler sein? Über Erzähltheater und textgebundenes Erzählen. In: H. Gerndt / K. Wardetzky (Hrsg.), Die Kunst des Erzählens – Festschrift für Walter Scherf (S. 51–61). Potsdam: Verlag für BerlinBrandenburg.

Wardetzky, K. (2005). Erzählen – Kunst oder Nicht-Kunst? In: Korrespondenzen. Zeitschrift für Theaterpädagogik, 21. Jhg., Heft 47.

Wardetzky, K. (2007). Projekt Erzählen. Hohengehren: Schneider.

Wardetzky, K. (2022). Fluchtpunkt Fantasie. Aufsätze über Mythen, Märchen und das Künstlerische Erzählen. Berlin: Der Erzählverlag

Wehse, R. (1983). Märchenerzähler Erzählgemeinschaft. Kassel: Erich Röth.

Weinert, F. E.(1998). Vermittlung von Schlüsselqualifikationen. In: S. Matalik & D. Schade (Hrsg.), Entwicklung in der Aus- und Weiterbildung (Beiträge zum Projekt „Humanressourcen"). BadenBaden: Nomos.

Weinrich, H. (2001). Tempus – Besprochene und erzählte Welt. München: CH Beck.

Wenzel, M. (1998). Erzählen. Unveröffentlichtes Seminarhandbuch. Wien.

Werner, W. (1966). Porträt eines ungarndeutschen Märchenerzählers. In: Jahrbuch für ostdeutsche Volkskunde (Nr. 10). Marburg: Elwert.

Wintgens, H.H. (1980). Motive und Strategien für das Erlernen des mündlichen Erzählens im Unterricht. In: Der Deutschunterricht (Nr. 2). Braunschweig: Westermann

Wittgenstein, L. (1984). Tractatus-Logico-Philosophicus. Heidelberg: Spektrum.

Wittgenstein, L. (1994). Über Gewissheit. Frankfurt/Main: Suhrkamp.

# Personen- und Sachregister

# Über den Autor

Norbert Kober, Dr. phil., Jahrgang 1969, gilt als »Missionar der Mündlichkeit« (Süddeutsche Zeitung).

Dem gebürtigen Steirer ist die mündliche Erzählkunst nicht in die Wiege gelegt worden. Niemand würde glauben, der seiner mündlichen Erzählkunst »par excellence« (Münchner Merkur) lauscht, dass er lange ein Stotterkind war.

Dieses Buch ist die Zusammenfassung aus vielen Jahren angewandter Erzählforschung und Bühnenerzählkunst. Hier fließen Kobers' praktische Erfahrungen aus seiner Lehrtätigkeit in der Goldmund-Erzählakademie, dem Lehrerbildungszentrum der Ludwigs-Maximilians-Universität und der Pädagogischen Hochschule Innsbruck ein.

www.goldmund-erzaehlakademie.de

Der Erzählverlag